Achim Elfers: Deutsch in der Prüfung

D1729479

Achim Elfers

Deutsch in der Prüfung

Sprachwissen und dessen Prüfung

(Denken, Glaube, Sprache   III)

Verlag Ch. Möllmann

Titelbild: Wilhelm Grimm, nach einer Fotografie

Erste Auflage 2023

Copyright © by
Verlag Ch. Möllmann
Schloss Hamborn 94, D-33178 Borchen
Tel. 0 52 51 / 2 72 80
Fax: 0 52 51 / 2 72 56
www.chmoellmann.de
Herstellung: Online-Druck GmbH & Co. KG, Paderborn

ISBN 978-3-89979-354-3

In Erinnerung an Luise Bernreuter* (1961–2022)

Luise Bernreuter lagen die gute deutsche Sprachgestaltung und deren Bewahrung am Herzen. So gründete sie gemeinsamm mit Nancy Mandody und Andreas Plank eingedenk des Niederganges des Deutschen die Bewegung namens 'Heilung der deutschen Sprache'.

Inhalt

6

Vorwort

„Deutsch in der Prüfung"? Aber in welcher Prüfung? Was möge zu dieser als Buchtitel verwendeten Namenfolge hinzugedacht werden? Etwa, dass jemand im Fache „Deutsch" in einer Schulprüfung seine Kenntnisse beweisen möge?

In diesem Buche wird **unsere Sprachgestaltung namens ‚Deutsch'**, wie sie heuer zumeist – und nicht nur in „Prüfungen*" – verwendet wird, ihrerseits geprüft. Und so, wie sie heutzutage tätig angewendet wird, sollten wir sie *dringend* nicht nur bedenkend prüfen, sondern auch gründlich berichtigen.

Sind so viele *Anglizismen*, wie sie heute zu bemerken sind, erforderlich, gut und richtig? Und ist zu *gendern* nicht nur Unfug? Wie kommen wir zu solch einer *Schwundgrammatik*, die heutzutage angewandt wird? Und was sei der Zweck oder gar der Gewinn der „*von*"-*Satzprothesen* (Beispell: „Bezinsung von Schulden von Asylanten" statt „Asylbewerberschuldenverzinsung")? Unsere Sprache ist genau so oberflach und irre, wie die meisten Sprecher leichtfertig dächteln, sprächeln und zu wissen denken. Der gemeine Sprecher aber verwendet „die Sprache" zwar zu denken, jedoch *be*denkt er „sie" nicht. Im Denken *überspringt* er sie, weil er bedenkend *stets nur bei den Denkgegenständen ist*, zu denen er die Sprache nicht hinzuwählt, und schon gar nicht als die Grundlage deren Denkensmöglichkeit zulässt. Er (vor-)urteilt, die Sprache zu bedenken sei „anstrengend und nicht Gewinn bringend"; so findet er es „erlässlich" und lässt es demgemäß. Wir aber werden dies nun prüfen.

---

* Trennung nicht nach Laut-, doch nach *Nennleistungssilben*.
** nhd. ‚Beispell', zu nhd. ‚spellen', ‚spoll', nicht zu nhd. ‚spielen'

Hauptwort

I. Die zumeist achtlose Übernahme der deutschen Sprachgestaltung und deren leichtsinnige Umgestaltung

Zunächst ist zu bemerken, dass jedes sprechen lernende, mithin: von anderen Sprechenden deren Sprachgestaltetheit übernehmende Kind über *kein ererbtes Wissen* verfügt, eine solche von anderen Sprechern gehörte Gestaltung zu prüfen; jedes gesunde Kind trägt eine *Anlage zu der und für die Sprache* in sich, jedoch noch *kein Wissen*. Diese allgemeine Anlage erlaubt es dem Kinde, jede auf der Erde angewandte Sprachgestaltung zu erlernen. Dies bewegt uns, nicht unter vielen verschiedenen „Sprachen" zu scheiden, doch einzig *eine* Sprache im Menschen zu vermuten, die lediglich in verschiedene *Gestaltungen* geführt ward und wird. Ob ein Kind aber in die Sprachgestaltungen namens ‚Deutsch', ‚Japanisch' oder ‚Suaheli' einzulernen geboten bekommt, ist ihm einerlei. Auch die vorgefundene *Verfassung der Gestaltenbeuge- und -verbindungslehre* (alias ‚Grammatik') der Sprachgestaltung ist trotz aller in ihr enthaltenen Unregelmäßigkeiten und Widersprüche unerheblich, wenn sie nur einiger Maßen in sich schlüssig angewendet wird und somit zu erlernen ist. Auch sie enthält gleichwohl zahlreiches sich Widersprechendes in Beugung, Buchstabierung, Zeichensetzung, darauf wir unten noch näher eingehen werden. Aber als schwerer denn die *Übernahme* der Grammatik durch Lernende erweist sich die *Annahme* einer geschehenden *Umgestaltung der Grammatik* für bereits gelernt habende Sprecher. Wir bemerken nämlich derzeit eine geschwind zunehmende Umgestaltung des deutschen Sprachgefüges, die von vielen

8

Sprechern kaum oder gar nicht bemerkt, jedoch von manchen Sprechern (mithin: auch von uns) als „ungute Veränderung" oder gar als „Zerstörung" empfunden wird. *Wollen* aber wir, die tätigen, wissenden Sprecher und Träger der Sprachgestaltetheit, **die gewinnlose Veränderung bis hin zur Zerstörung des Deutschen hinnehmen oder gar unterstützen?** *Und können* wir diese guten Gewissens wollen? Aber vermögen wir Unwilligen etwas *dargegen zu tuen**? Sie geschieht immer schon, allmählich und unablässig, ohne dass wir sie zu verhindern vermögen – wenn wir oder solange wir nur ihre auffälligsten Spitzen bemerken, sie im Ganzen jedoch nicht zu bewissen** oder zu Bewusstseien bekommen.

Die unumgänglich erforderliche Bewusstwerdung der Zerstörung aber wird *durch die schleichende Gewöhnung verhindert,* und die unbemerkt geschehene Zerstörtheit wird *durch Gewohnheit überdeckt,* die zumeist unbemerkt in den Rang des „Wissens" gesetzt wird. Wie viele Verfälschungen werden in der Gewohnheit vermeinten Wissens mitgetragen und gar als „richtig" vorgegaukelt? Wenn wir etwas gegen zügellose Verwandelung der Sprache zu tuen beabsichtigten, dann wäre es hilfreich, zunächst zu vertieftem und berichtigtem Sprachbewissen zu gelangen.

In nachfolgenden **sieben Thesen** werden wir die Grundlagen des Sprachwissens und -bewusstseiens kurz eröffenen***, so weit es hier für uns nennenswert ist.

1. Die Ursprungsverfassung der Sprachgestaltung beachten wir *kaum* und deren als „Zerstörung" gewertete Umgestaltung stört uns höchstens *teilweise.*

---

* neuhochdeutsch (= nhd.) ‚tuen' (mhd., ahd. ‚tuon'); statt das ‚o' zu verbannen, mögen wir es auch durch ein ‚e' ersetzen (Systemausgleich).
** nhd. ‚bewissen', ‚beweiß', ‚bewusste', ‚bewüsste', ‚bewusst';
   Grundlage zu ‚Bewusstheit', ‚Bewusstseien'
*** nhd. ‚eröffenen', zu nhd. ‚offen', nicht zu ‚offn'

2. Jeder Sprecher lernt Sprachgestaltung durch *prüflose Nachlautung* (zumeist ohne Unterweisung, ohne Herkunftskunde der Namen und deren Nennleistung) und zunächst nur durch *Gewöhnung* [wiederum ohne Unterweisung, ohne Prüfung und ohne Sprachgestaltkunde oder Gestaltenbeugelehre (alias ‚Grammatik‘)].

3. Dem gemeinen Sprecher gilt sein (größten Teiles ungeprüftes, wenn nicht falsches) Gewohntes als „(feelloses*) *Wissen*", weil auch die Gewöhnung eine (wenn auch bewusst- und prüflose) Lernung ist.

4. *Jeder Sprecher ist (zumeist unbewissentlich) ein* – wenn auch ungelehriger oder ungelehrter – *Lehrer der Sprache, wenn sprechen Lernende ihm bei seinem Sprechen zuhören,* weil sie durch erclärungslose Nachlautung lernen.

5. Der gemeine Sprecher spricht und lehrt, seinem Gewohnten gehorchend, einerlei, wie viele Feeler* es enthält, und folgt auch allein der Lernweise der *prüflosen Nachlautung,* einerlei, wie falsch das von anderen Sprechern gehörte Gelautete sei.

6. Wir lauten immer nur von anderen Sprechern gelautete *Laute* und *Namen* nach, nie deren *Wort(e).* Die Laute können wir hören, doch nicht das Jenige, das jene Sprechenden zu den Namen hinzudenken, hinzuempfinden, hinzubilden, hinzuwerten, dardurch *Worte* auf (sic!) den *Namen* erst werden.

7. *Ideologisch-politische Sprecher* ohne tiefes, gründlich geprüftes Sprachwissen, jedoch mit dem Wertungsdünkel, etwas Besseres oder Höheres denn andere Sprecher zu seien, spielen sich heuer so als „Sprachmeister" auf, (ähnlich dem irren

---

* nhd. ‚Feeler‘, ‚feelen‘, ‚Feel‘, aus (a)frç. ‚fa(il)lir‘, nicht verwandt mit nhd. ‚(be-/emp-)fehlen‘, ‚(-)fahl‘, ‚(-)fohlen‘

Zauberlehrling von Johann Wolfgang von Goethe), die zu wissen wähnen, was und wozu „Sprache" sei (nämlich nur geistlose Zeichen zur Benennung heidnisch oder seellos gedeuteter Geschlechtscörper) und *verfälschen, ja: verpfuschen unsere Sprache*, indem sie Sternchen, feminine Endungen (wie ‚Menschin‘, ‚Intensivkrankenschwesterinnen‘, „Tauben sind Vegetarier:innen") und erstaunliche Sondernamen (wie: ‚Singer- und Songwriter*innen-Scene‘) in sie einspritzen (so, wie Drogenabhängige).

Zu diesen sieben Thesen ist Folgendes hinzuzufügen:

1. Die Ursprungsverfassung der Sprachgestaltung beachten wir *kaum* und deren als „Zerstörung" gewertete Umgestaltung erachten wir höchstens *teilweise* als störend

Wir bemerken zumeist nur die übelen Düfte, die aus dem Keller heraufdringen. Den Keller hingegen betreten wir nicht, weil wir dessen Dunkel fürchten oder in dessen Ungeordenetheit* aufzuräumen zu vermeiden suchen. So behaupten wir gern, das vorgebliche „Haus unserer Sprache" bestehe eigentlich nur aus dem Empfangszimmer, dem feinen Salon und den vornehmeren Zimmern, und verleugenen** den finsteren Keller und unordentliche Räume.

Wie viele unserer Worte aber bildeten wir in Lagen nicht erinnerter Angst, Bedrängtheit oder zumindest Ungeleitetheit, die wir auch später nicht zu erinnern wünschen? Wie viele An-

---

* nhd. ‚Ungeordenetheit‘, aus ‚un‘, ge‘, ‚ordenen‘, ‚-heit‘. Das in nhd. ‚ord'nen‘ (zu nhd. ‚ordentlich‘, ahd. ‚ordenlihho‘) ausgefallene ‚e‘ wird wieder eingesetzt: ‚orden-en‘.

** nhd. ‚(ver-)leugen-en‘ (mhd. ‚lougenen‘, ahd. ‚louganen‘), verwandt mit nhd. ‚lügen‘ (ahd. ‚liogan‘)

teile der Trockengrammatik* mussten wir unter Zwang und in Angst vor Strafe lernen, ohne einen Gewinn durch das Erlernte zu ersehen? Denken wir uns etwa „das ‚würde'-lose Sprechen" (Coniunctiv** II ohne Formen aus nhd. ‚werden') oder „die Verwendung des ‚wegen' mit Genitiv" oder „Vergangenes mit Praeteritum"? Wenn ja, wissen wir aus welchem Grunde? Wer nie ersah, wozu er dies lernen musste, den stört es vielleicht nicht, wenn nachmalige Sprecher es abschaffen. Wen stört etwa die derzeitige irre, ja: dumme Zeichensetzungsmode? Kommata werden unterdrückt, sodass widerlogische Sätze – besonders am Briefbeginne – gebildet werden. „Hallo Herr Müller, wie geht es Ihnen?" statt: „Hallo, Herr Müller! Wie geht es Ihnen?" Oder: „Aus der Traum" statt „Aus, der Traum!", denn gemeint ist: „[Er ist] aus, der Traum!" Aber dies stört den gemeinen Sprecher nicht, weil er sich daran widerspruchslos gewöhnt hat. Ihn stört dann aber vielleicht dennoch die Anglizismenflut heutiger Zeit. So stört ihn die Veränderung oder Zerstörung der deutschen Sprachgestaltung aber nur *teilweise*.

Beginnen wir aber mit der vorgefundenen Gestaltung unserer Sprache, die schon mannigfach Feeler enthält, die zum Teile aus schon mittelhochdeutschen (alias ‚mhd.') Feelern oder Feelconstructionen übernommen warden, wie zum Exempel die Geschehensnamen (alias ‚Verben') neuhochdeutsch (alias ‚nhd.') ‚seien' und ‚tuen'.

Alle Geschehensnamen in der nhd. Sprachgestaltung enden entweder auf ‚-en', auf ‚-eln' oder auf ‚-ern', außer ‚sein' und ‚tun'. Diese Uneinheitlichkeit wird hier und nun insofern vereinfacht, als in die beiden Ausnahmenamen ein ‚e' eingefügt wird: so bekommen wir die Grundgestalten (alias ‚Infinitive') **‚seien'** und **‚tuen'** (Systemausgleich; siehe s. 52 ‚gleich').

---

* nhd. ‚Trockengrammatik' als poëtischer Name für „staubige Sprachregeln ohne Atem"
** nhd. ‚Coniunctiv', aus lat. ‚coniungere', ‚coniunctum' („verbinden", „verbunden"); im Lateinischen sind weder ‚j' noch ‚k'

Demgemäß auch verwandte Namensgestalten wie etwa ‚**Dar-seien** (siehe unten: ‚**dar‘**)‘, ‚**Darzutuen‘**, ‚Seien‘, ‚tuend‘, ‚tu-entlich‘, ‚wohltuend‘ et c.

Diese kurze Liste wird unten (S. 34) nach Buchstabenreihenfolge fortgesetzt.

Hellenische Buchstaben: Im hellenischen Alphabät sind besondere Buchstaben. Hier gilt: nhd. ‚e‘ für hell. ‚è psilón‘, ‚ä‘ für hell. ‚äta‘ (demgemäß ‚bäta‘, ‚zäta‘, ‚thäta‘), ‚t‘ für hell. ‚taû‘, ‚th‘ für hell. ‚thäta‘, ‚ph‘ für hell. ‚phî‘, ‚o‘ für hell. ‚ò mikrón‘, ‚oh‘ für hell. ‚ôh méga‘, ‚rh‘ für anlautendes hell. ‚rho‘, ‚u‘ für hell. ‚û psilón‘ (hell. ‚psilós‘ = nhd. ‚bloß‘, ‚glatt‘, ‚kahl‘).

Lateinische Buchstaben: Im lateinischen ABC sind kein ‚j‘, kein ‚k‘, kein ‚z‘. Darum werden sie hier mittels ‚i‘, ‚c‘, ‚c‘ ersetzt. Demgemäß bitte ab jetzt: ‚**Accent‘**, ‚**Adiectiv‘**, ‚**con-dicional‘**, ‚**Coniunction‘**, ‚**Obiect‘**, ‚**Participialconstruct-ion‘**, ‚**Proiect‘**, ‚**Subiect‘** et c.

2. Jeder Sprecher lernt Sprachgestaltung durch prüf-lose Na*ch*lautung (zumeist ohne Unterweisung, ohne Herkunftskunde der Namen und deren Nennleistung) und zunächst nur durch *Gewöhn-ung* [wiederum ohne Unterweisung, ohne Prüf-ung und ohne Sprachgestaltkunde oder Gestalt-beugelehre (alias ‚Grammatik‘)].

Schon vor der Schulzeit lernt jeder Sprecher sprechen. Er hört andere Sprecher sprechen und übernimmt das von ihnen ge-lautete Gehörte nachlautend, zumeist ohne prüfend nachzu-fragen. Lediglich selten fragt das sprechen lernende Kind, war-um ein Name so sei, wie er gesprochen werde. Gesetze der Lautverbindungen werden von Kindern zumeist nur *vermutet oder mittels untauglicher Logik zu erschließen versucht*; je nach Gelehrtheit der lehrenden Sprecher reichen diese die Gesetze der Laut- und Namenverbindungen mit und/oder nach oder auch nicht oder nur fälschlich und unvollständig. In der Grundschule werden Anteile *gedachter* und *geforderter* Grammatik geringfügig nachgelehrt. Wer aber fügt diese so in seine Sprachgestaltung ein, dass er sie trefflich verwenden mag? Die meisten Sprecher behalten ihre anfänglichen Feeldeutungen und unwillkürlich geschehenen Falschsetzungen auch im Laufe ihres Erwachsens bei, besonders, wenn sie nicht durch höhere Sprecher berichtigt werden, sodass sich die Feelenden leider in ihre Feeler als „richtig" einwöhnen. Unbewusste Gewöhnung und ungeprüfte Gewohnheit – nicht jedoch wohlbewusstes Lernen und geprüftes Wissen – bestimmen die erste Sprachgestaltung.

3. Dem gemeinen Sprecher gilt sein (größten Teiles ungeprüftes, wenn nicht falsches) Gewohntes als „(feelloses) *Wissen*", weil auch die Gewöhnung eine (wenn auch bewusst- und prüflose) Lernung ist.

Ein allen Sprechern ererbtes (statt ‚angebohrenes') Denkverhalten ist, das „Gewohnte" oder „jeden Inhalt der Gewohnheit" nicht als „nur Gewohntes, jedoch Ungeprüftes" zu bemerken, sondern ihm willfährig zu folgen, so als sei dessen uneingeschränkte, gänzlich bewusste Trefflichheit* erwiesen. Dies wird auch in der Sprachgestaltung so gehalten. So weiß doch jeder gelehrige Sprecher etwa, dass ‚wegen' mit Genitiv zu verwenden sei. Aber er fügt seit frühester Jugend die Bausteine „wegen mir"

---

* nhd. ‚-heit', zu ‚heiter'; die Abart ‚-keit' ward in Folge des Auslautirrtumes erfunden, ‚-ig' so, wie ‚-ich' auszusprechen, sodass die ‚-ig-heit' (wie in ‚Lustigheit') als ‚-ich-keit' umgelautet ward

(statt ‚wegen meiner‘), „wegen ihr" (statt ‚wegen ihrer‘) bedenkenlos in seine Sätze ein. Er ist es so gewohnt, weil der Genitiv der Personenfürnamen ihm eben so ungeläufig ist, wie anderen Sprechern: ‚meiner‘, ‚deiner‘, ‚seiner‘, ‚unserer‘, ‚euerer‘, ‚ihrer‘ kennt ja keiner. So „muss" ja statt ‚wegen seiner‘ verschlimmbessert ‚wegen ihm‘ gesprochen werden. Hingegen empfindet auch der minder ungelehrte Sprecher die Namenfügungen ‚wegen meiner‘, ‚wegen seiner‘, ‚wegen ihrer‘, wenn sie denn einst verwendet werden, als „so ungewohnt", dass er denkt, sie – obwohl richtig – seien „falsch". So vermeidet er sie nicht nur, doch er ist so gar geneigt, andere Sprecher zu verschlimmbessern (alias zu ‚balhornisieren‘), die diese richtigen Formen verwenden. Welchen Wert ist allso dem „Wissen" solcher Sprecher beizumessen, wenn Gewohnheit mit falschem Inhalte in des Wissens Rang cursiert*?

4. Jeder Sprecher ist (zumeist unbewissentlich) ein – wenn auch ungelehriger oder ungelehrter – Lehrer der Sprache, wenn sprechen Lernende ihm bei seinem Lautsprechen zuhören, weil sie durch prüflose Nachlautung erclärungslos lernen.**

Alle Sprecher lernen zunächst durch (zumeist prüflose) Nachlautung – einerlei, wer vor ihnen lautet, dem sie zuhören! Somit *lehrt jeder lautende Sprecher jeden hörenden Sprecher sprechen*, auch wenn Dies weder diesem noch jenem *clar*** ist. Mangelhafte Ausbildung der Sprecher bewegt uns nun, zu ahnen, wie viel falsche Sprachgestalt eines jeden Tages gelehrt, prüflos nachlautend gelernt und wiederum gelehrt wird. Bedenken wir nun eines Males, wie Sprache um uns her geschieht und wie viel

---

* nhd. „cursieren‘, ‚Curs‘, aus lat. ‚correre‘, ‚cursum‘
** nhd. ‚Aufclärung‘, ‚clar‘, ‚erclären‘, aus lat. ‚clarus‘

falsche Namenzusammenstellung gewohnheitlich gesprochen und unbewissentlich prüflos nachgelautet wird! Wir fordern zur Abhilfe mehr und bessere Sprachunterweisung an Schulen mit deutlich kleineren, sprich: mit erheblich weniger Schülern besetzten Classen!

5. Der gemeine Sprecher spricht und *lehrt*, seinem Gewohnten gehorchend (uns es wiederholend), einerlei, wie viele Feeler es enthält, und folgt auch fürderhin allein der Lernweise der prüflosen Nachlautung, einerlei, wie falsch oder schlecht das gehörte, von anderen Sprechern Gelautete sei.

Auffällige Beispelle der Verfeelung durch prüflose Nachlautung: nhd. ‚begleiten‘ ist aus den Vorsilben ‚be-‘ und ‚ge-‘ und dem Geschehensnamen ‚leiten‘ zusammengesetzt. Gesprochen aber wird nur ‚begleiten‘, - unter dem Ausfalle eines ‚e‘ – und so wird es auch geschrieben! Unmöglich zu dulden!

Sind manche Sprecher übermäßig unbegabt, dass sie die Satzbau- und Namengestaltenbeugungslehre (alias ‚Grammatik‘) nicht zu lernen oder anzuwenden vermögen? In der um 20.00h beginnenden Tagesschau (ARD) des Freitags, des 15.11.2019, sprach Susanne Daubner: „Bei Toulouse stürzte eine Straßenbrücke ein, *nachdem* ein zu schwer beladener LKW über sie *gefahren war*. Der Fahrer starb bei dem Unfall.“ Wie, bitte? Gewiss mag etwas auch *nach* einer Überbelastung einstürzen, auch nachdem die Belastung schon endete. Aber wieso starb denn der Fahrer doch *noch während* der Belastung und des derweil ihrer geschehenden Brückeneinbruches? Gemeint war, dass die Brücke einstürzte, *als* ein übermäßig schwer beladener LKW über sie hinüber *fuhr*, und derweil des Einsturzes stürzte auch der LKW in die Tiefe, wobei der Fahrer starb.

In der wiederum um 20.00 h beginnenden Tagesschau des Mittwochs, des 20.11.2019, sprach Jan Hofer, „Der Mediciner* Fritz von Weizsäcker, Sohn des ehemaligen Bundespräsidenten Richard von Weizsäcker, wurde erstochen, nachdem er einen Vortrag *gehalten hatte.*" Tatsächlich aber geschah die Tat, *als* von Weizsäcker den Vortrag *hielt* und noch nicht beëndet hatte.

Wie achtlos, unwissend oder dämlich mag ein Textschreiber der Tagesschau der ARD (!) seien, dass er den Schied zwischen Verginge** oder Vergangenheit (alias ‚Praeteritum') und vollendeter Verginge/Vergangenheit (alias ‚Plusquamperfect') nicht bemerkt? Das, was verging, durch das zu ersetzen, das schon vergangen war, ist ja jetzt große Sprechmode. Und dieser Idiotenmode dümmlich und logikfeindlich zu gehorchen, entblöden sich Nachrichtentextschreiber nicht? Und auch die Vorleser dieser Texte sind nicht klüger? Oder sind diese „Dummheiten" die Folge prüfloser und geistvermeidungsbestrebter Modehörigheit in unserer Zeit des schamlos „erzählenden Plusquamperfects" und der Mode, Zeitformunterscheidungen zu ignorieren und widersinnig oberflächlich Vergangenheitsformen durch Gestalten vollendeter Gegenwart zu ersetzen? Aber in dieser Sache mitzusprechen, ist uns Sprachwissenschafftern*** zumeist nicht gestattet; kaum jemand fragt uns.

Andere sind mangels Begabung oder mangels guten Willens der

---

* nhd. ‚Medicin', aus lat. ‚(ars) medicina', zu lat. ‚medicus' = „Arzt"

** nhd. ‚Verginge', zu ‚vergehen', ‚verging', ‚vergangen'. Der Name ‚Vergangenheit' enthält die Widerlogik, dass das, was verging, als das, was „vergangen ist" dargestellt wird. Aber gerade Dies ist der Hintergrund des Verdrängens der Praeteritumsformen mittels der Formen der vollendeten Gegenwart. Was verging, das ist nicht mehr. Wird aber genannt es sei „vergangen", dann *ist* es ja doch noch! Schlimmer gar wirkt Dies in den Formen der Bildung der vollendeten Gegenwart mit ‚haben' sich aus. Darmit „haben" sogar Gestorbene noch etwas, nämlich „getan", was sie jedoch nur *taten*, bis es nämlich verging.

*** nhd. ‚-schafft', ‚-schaffter', zu ‚schaffen', ‚Geschäfft', nicht zu ‚Schaft' (dieser Name seinerseits zu ‚schaben')

Hochsprache unvermögend. So bemerken sie beispellsweise **erstens** nicht, dass Haupt- und Nebensatz unterschiedlicher Stellung des Verbs sind (Hauptsatz: „Wir *wollen* etwas hinzulernen"; Nebensatz: „..., weil wir etwas hinzulernen *wollen*"; Dummdeutsch: „..., weil wir *wollen* etwas hinzulernen"). Oder sie wissen und lernen **zweitens** nicht, dass Praeteritum und Präsens Perfect *nicht* zwei ebenwertige Zeitformen für die Benennung dessen sind, das verging, sondern sie wähnen, beide Formen seien „functional gleich" und somit „redundant" (obwohl sie diese Namen darfür nicht verwenden), sodass sie das Vergangene ungeniert ignorantisch mit Verbformen der vollendeten Gegenwart oder aber der vollendeten Vergangenheit oder gar der Gegenwart benennen (außer in der Verwendung der Modalverben), ohne die Widerlogik ihrer Rede zu bemerken (Dummdeutsch: „Gestern war ich in einer Kneipe. Dann *hat* es plötzlich d'raußen geknallt. Das konnte nur ein Unfall gewesen seien. Ich *bin* dann 'raus und *hab'* nachgekuckt." Statt: „Als ich gestern in einer Kneipe *war, knallte* es plötzlich (dar-)außen. Ich *vermutete* einen Verkehrsunfall, *ging* hinaus und *sah* nach.").

Oder sie lernen und beachten **drittens** nicht, dass ‚raus', ‚rein', ‚rüber', ‚runter' et c. Verkürzungen – wir könnten sie auch ‚Verkrüppelungen' (!) nennen – aus entsprechend ‚heraus', ‚herein', ‚herüber', ‚herunter' et c. sind, die im Gegensatze zu ‚hinaus', ‚hinein', ‚hinüber', ‚hinunter' stehen, denn ‚hin' und ‚her' werden für die Benennung zweier entgegengesetzter Richtungen verwendet. So *gehe* „ich" niemales ‚her-aus', ‚her-ein', ‚her-über', et c., sondern aus je meiner Sicht jedes Falles nur ‚hin'. Allein aus der Sicht eines Sprechers, der schon daraußen (sic!) ist, *komme* „ich" *her*aus.

Oder sie ignorieren **viertens**, dass im verkrüppelten ‚d'ran', ‚d'rauf', ‚d'raus(zen)', ‚d'rin', ‚d'roben', ‚d'rüber', ‚d'rum', ‚d'runter', et c. ein ‚dar' steckt, das sie voranstellend wiederholen [Dummdeutsch: „Da' kommste nie d'rauf!", statt besser: „*Darauf* *kommst du nie!"* Oder Dummdeutsch: „Da' spreche ich nicht d'r-über.", statt: *„Darüber spreche ich nicht."* Oder Dummdeutsch: „Was ist da(r) d'r-in?", statt: *„Was ist darin(nen)?"* Oder Dummdeutsch: „Das ist hier d'rin." statt *„Das ist hierinnen."* Oder Dummdeutsch: „Peter ist da' d'raußen." statt: *„Er ist (dar-)außen."* Oder Dummdeutsch: „Wir sind hier d'raußen.", statt *„Wir sind hieraußen".* Oder Dummdeutsch: „Dar steckste nicht d'rin.", statt: *„Darin(nen) steckst du nicht.",* wobei ein „Darinnenstecken" – einerlei worin – nicht jedes Falles ein *Erkennen* oder ein besseres Wissen mit sich brächte].

6. Wir lauten immer nur von anderen Sprechern *geäußerte Laute und gelautete Namen* nach, nie *ein Wort oder Worte.* Diese Laute können wir hören, doch nicht das Jenige, das jene Sprechenden zu den Namen hinzudenken, hinzubilden, hinzuempfinden, hinzuwerten, dardurch erst *Worte* auf (sic!) den *Namen* gedeihen und werden.

Gemäß unserer mangelhaften Sprachunterrichtung *denken wir* all Das *zu wissen,* was wir in unserer Gewohnheit denken. Besonders denken wir zu wissen, dass wir kaum *Namen* aussprächen oder verwendeten, sondern zumeist *Worte* oder *Wörter* oder gar *Begriffe.* Aber ein **Name** ist eine Laut- oder Buchstabenfolge mit Nennleistung. Der Name nhd. ‚Name‘ (ahd. ‚namo‘) ist eine Bildung zu nhd. ‚nennen‘ (ahd. ‚nemnen‘). Jeder Sprecher denkt, empfindet, fügt, wertet etwas zu Namen und Benannten hinzu, sodass an und auf dem Namen **Worte** *werden.* Weil wir dies kaum bewissen, prüfen wir auch nur selten, was ein Sprecher, dem wir zuhören, zu den Namen hinzudenkt, -empfindet, -fügt, -wertet, doch wir denken still und schweigend, er denke, emfinde, füge, werte *das eine Selbe zu* *ihnen hinzu, wie wir dies tuen.* So denken wir zumeist, wir Beide hätten die selben „Worte" verwendet, doch waren es nur die selben *Namen*, mittels derer aber etwas Anderes gemeint ward, weil Unterschiedliches hinzugedacht, –empfunden oder –gewertet ward oder wird.

Kant dachte zu dem Namen ‚Freiheit' (vereinfacht benannt) hinzu, dass weder Triebe noch Staatsgesetze ihn daran hindern, dem moralischen Gesetz in ihm zu gehorchen. Nietzsche hingegen dachte zu dem Namen ‚Freiheit' eher die „Abwesenheit der Moral" hinzu, um seine Triebe ungehindert ausleben zu können. Wie kann man also heute bekunden oder auch nur denken, sie hätten über das eine selbe Wort oder gar den einen selben „Begriff" namens ‚Freiheit' gesprochen?

7. *Ideologisch-politische* Sprecher der oberflächlich übernommenen deutschen Sprachgestaltung ohne gründlich geprüftes Sprachwissen, jedoch mit dem Wertungsdünkel, etwas Besseres oder Höheres denn andere Sprecher zu seien (weil sie vielleicht im Vorstand ihres Unternehmens sitzen), spielen sich heuer als „Sprachmeister" auf, (ähnlich dem irren Zauberlehrling von Johann Wolfgang von Goethe), die zu wissen wähnen, was und wozu „Sprache" sei (nämlich nur geistlose Zeichen zur Benennung heidnisch oder seellos gedeuteter Geschlechtscörper, sodass es „ungerecht" sei, die weiblichen Namensgestalten zu verschweigen!) und verfälschen, ja: verpfuschen unsere Sprache, indem sie Mittnamensternchen (‚Verbrecher*innen'), feminine Endungen (wie ‚Menschin', ‚Intensiv-kranken-schwester-innen') und erstaunliche Phrasen und Sondernamen (wie ‚Tauben sind Vegetarier:inn-

**en' oder die unüberbietbahre Namenfolge: ‚Singer-
und Song-writer*innen-Scene'** (hier ist das Sternchen ‚*'
kein Verweis zu einer Fußnote, sondern von den Spinnern
bereits in den Namen eingefügt) **und zahllose Anglizismen) in sie einspritzen (so, wie Drogenabhängige,
die sich als „woke" empfinden und deuten).**

Uns Sprechern – und zwar uns Allen! – ist auf der ganzen Erde
nur *eine* Sprache gegeben, doch sind so viele Sprach*gestaltungen* wie Sprecher. Gewohnheitlich wird genannt, die Menschen sprächen auf der Erde mehrere (oder besser: *in* mehreren,
etwa sechs-) tausend Sprachen. Weil sie Alle aber *sprechen*, ist
ihnen Allen etwas gemein: Allen ist *Sprache* gegeben, *die*
Sprache. So eint die Menschen *die Sprache*, die ihnen Allen gemeinsamm gegeben ist. Wir werden von nun an unter der *einen*
Sprache und all den tausenden Sprach*gestalten* scheiden, in die
sie gewandelt worden ist und auch fürderhin wird.
In der Folge dieser Unterscheidung aber ist nicht „die Sprache"
im zu bemerkenden Wandel, sondern die *Gestalt(ungen)* der
Sprache *wird/werden so gewandelt* und *umgestaltet*, dass Teile
dieses Wandels bemerkt werden, auch wenn diese Benennung
der Sprechgewohnheit der meisten Sprecher nicht entspricht.
Auch die *deutsche* Gestalt der Sprache wird unablässig gewandelt.
Einer anderen Sprechgewohnheit nach „ändere" „die Sprache"
sich oder habe sich eben oder schon geändert. Wenn dies so zu
geschehen möglich wäre, dann wäre „die Sprache" ein eigenständiges Seiendes mit eigenem Änderungsvermögen. Sei dies
der Fall? Wir bemerken, dass Gewohnheit weder Tugend noch
Wissenschafft ist, obwohl sie wiederum gewohnheitlich als eine
solche geachtet und ihr zumeist ohne eine Prüfung unbewissentlich gehorcht wird. Aber nicht „die Sprache" „ändert sich"
und nicht „hat „sie" sich" geändert, sondern ihre *Gestalt(ung)
ward und wird geändert.*

Dies mögen wir zunächst be- und durchdenken: die Sprache, mittels derer wir sprechen, wird und ist seit je her irgend *gestaltet*. Unsere Lehrer gestalteten sie und gestalten sie noch, bis sie verstummten oder verstummen. Auch wir gestalt(et)en sie, schon seit wir sprechen zu lernen begannen und sprachen. Die **Gestalt der Sprache** ist *in ihr*, jedoch kaum zu greifen. Zahllose Gestalten der Sprache sind unter vielen Gestaltungsmöglichkeiten. Der Versuch, die Gestalt der Sprache zu greifen und in Grammatik- und Wörterbuch zu fassen, geschieht nur an der Oberfläche der Sprache, die unablässig gewandelt und umgestaltet wird.

Von wem werde „die Sprache" gestaltet? Sie wird von jedem Sprecher gestaltet, der sprechen *lernt*; sie wird in seinem Haupte gestaltet, ohne dass er bemerkt, wie genau dies geschieht. Aber auch von jenen Sprechern ward und wird „die Sprache" gestaltet, die andere Sprecher sprechen *lehren*. Und jeder Sprecher, dessen Sprechen von anderen Sprachbegabten vernommen (sei es gehört, sei es gelesen) und *übernommen* (zumeist ohne es zu prüfen!) wird, *lehrt* diese seine Sprache, mit all seinen Feelern. Aber werde „die Sprache" (be-)wissentlich gestaltet?

Der gemeine Sprecher – der zu seiner Sprache in keinem besonderen Verhältnisse ohne entwickeltes Sprachbewissen verhalten ist, sondern in einem gemeinen, Allen gemeinen, mithin: allgemeinen – bemerkt die Sprache nicht als Ver- oder Fürstand (nhd. ‚Verstand, ahd. ‚firstand'), darin all seine Namen *für* das mittels ihrer Benannte *stehen*, und nicht als Sprech- und Denkvermögen. Als der Name ‚Fürstand' einst in althochdeutscher Zeit und gar darvor erfunden ward, bemerke ein Sprecher dies „Stehen (der Namen und Worte) für (das Benannte)". Aber der heutige gemeine Sprecher bemerkt weder, dass er den Namen nhd. ‚Verstand' eigentlich nicht zu erclären weiß, noch dass im Sprachvermögen „gedacht" wird, denn er als Sprecher mit „Bewusstseien" (besser: ‚mit Bewissen') denkt, *er* sei es, der oder das dort denke, mithin: das Denkende sei *er*. *Er überspringt seine Sprache* unbewissentlich, denn sein Bewissen ist zu anderen Denk- und Empfindensgegenstände ausgerichtet. Bewissen? Der Name nhd. ‚Bewusstsei[e]n‘, älter ‚Bewußtseyn‘, ward als Lehen aus dem Namen lat. ‚conscientia‘ an das deutsche Ufer übergesetzt und bei uns eingeführt. Aber er ist erstaunlich schräg gebildet: ‚Bewusstseien‘ statt ‚bewissen‘ oder statt ‚Bewissensvermögen‘, wie ‚Besprochenseien‘ statt ‚besprechen‘ oder statt ‚Besprechensvermögen‘. Dies bemerkt kaum jemand, weil die Gewohnheit uns den Namen ‚Bewusstseien‘ als „richtig" oder „zutreffend" vorgaukelt.

Aber der bewissende Sprecher beweiß immer erst das *Ergebniss* des Denkens; nicht ist das Erdenken des Ergebnisses sein bewissentlich geschehendes Werk. Wann immer er etwas „einsieht", beweiß er nicht zu benennen, wieso er es nun einsehe. Er wird stets nur darauf verweisen, dass es ja „logisch" sei, aber ‚logisch‘ nennt nur „wörtlich", wenn der Name hell. ‚lógos‘ etwas nennt, dem wir im Deutschen das „Wort" gegenüberstellen und hell. ‚logikós‘ demnach „wörtig, wörtlich". Oder, wenn wir dem Namen ‚lógos‘: „Ausspruch", „Kunde", „Rede" et c. gegenüberstellen, dann wäre hell. ‚logikós‘ als „aussprüchlich", „kundig/kundlich", „redig/ redentlich" et c. zu denken. Vielleicht dachten die einstigen Hellenen aber etwas zu ‚lógos‘ und ‚logikós‘ hinzu, das wir etwa als „Wortdenkverbund" und „wortdenkverbündlich" dächten, falls wir auf solche verdeutlichenden zusammengesetzten Namen kämen? Dann wäre das, was jemanden als „logisch" dünkt, das, was in seinem bewussten Wortdenkverbund enthalten wäre. Dies bewiese jedoch keine Folgerichtigkeit oder Trefflichkeit dieses Denkens. Auch der Feelschluss wäre „logisch", weil aus dem irrtumsgeladenen Wortdenkverbund herzuleiten.

Von wem werde „die Sprache" gestaltet? Von jedem Sprecher, ob wissentlich oder nicht.

Von jedem, der spricht, wird Sprache gestaltet und gelehrt,

einerlei, ob er dies mit Ausbildung, Lehre, Wissen und Bewusstseien tue oder nicht. Auch von Kindern und Jugendlichen,
welche „die Sprache" gerade erst lernen, wird sie dennoch
schon gestaltet und gelehrt – oftmales mit eigener Feeler-
tradition. Schon in den 60er Jahren des letzten Jahrhunderts
sprachen Kinder und Jugendliche fälschlich: „Das gildet nicht!"
(statt ‚Das gilt nicht'). Und heute und heuer (anno 2023) tuen
sie dies noch immer.

Auch von Sprechern, die entweder einerseits neue Namen, neue
Grammatikanteile oder allgemein Neuerungen vorsätzlich, vor-
laut oder fahrlässig einführen oder aber durch prüflose Nachlautung verbreiten helfen, wird Sprache gestaltet – oftmales arg
dümmlich verfälscht! – und – entsprechend verfälschend! – gelehrt; anderseits von Sprechern, die alte Namen und alte oder
vorgegebene Grammatikanteile gewissenlos verfälschen, nicht
lernen oder schlichtweg vergessen. Hierbei mögen wir fragen,
ob die Neuerer unter den Sprachgestaltungsveränderern die
alte Sprachgestalt mit Absicht und Vorsatz zu erweitern, zu verbessern und zu vertiefen oder aber zu verwässern und zu zer-
stören such(t)en oder ob es ihnen einerlei sei, wie ihr Spreche
auf die Sprachgestaltung wirke. Anders gefragt: inwiefern seien
diese „Neuerer" nicht als „Gewinn bringende Renovatoren",
sondern als „Hochculturzerstörungsepigonen" tätig? Auch der
nicht aufzuhaltende Untergang des weströmischen Teiles des
Imperium Romanum war zu dessen Zeit eine Folge epigonaler
„Neuerungen", die „das Alte" zersetzten und zerstörten.

Jene Sprecher, die Teile der alten Sprachgestalt fahren lassen,
verfälschen oder vergessen, sind zumeist entweder Epigonen,
sprich: Nachgebohrene, die des Hochstandes der Cultur müde
oder überdrüssig sind und deren Niedergang offen oder ver-
hohlen begrüßen, weil sie erwarten, dann nicht mehr so viel
lernen, denken und beachten zu müssen, oder sie sind unbe-
gabte Müßiggänger, die zu lernen als „schädlich" erachten und
demnach zu vermeiden bestrebt sind.

„Dumm zu bleiben, ist klüger!"

ist deren unausgesprochene Parole, die sie auf ein Schatten-
banner in ihren Häuptern kritzeln. Gewiss denken sie nicht in
solchen Worten, doch denken sie, das Lernen sei „gewinnlose
Mühe", „üble Zumutung" oder gar „irreparabele Charakterver-
fälschung", sodass es klüger sei, es nach Möglichheit zu unterlassen. Durch Lernvermeidung aber bleiben sie „dumm". Ergo
denken sie, „dumm (zu) bleiben, sei klüger". Wenn sie nur
nichts betreff Sprache lernen müssen, dann dünkt sie ihre
Denkwelt „heil".
Noch wieder andere Sprecher geben unter dem Drucke der un-
ermesslichen Mehrheit der Neuerer und deren allgegenwärtiger
Falschsprechung auf und folgen ihm nach der Aufgabe ihrerseits in fatalistischer Ergebenheit oder aber in Erbitterung als
einem Versuche zynischer Rache.
Die Neuerer aber, die mit Absicht, Vorsatz und wissentlich beispellsweise Anglizismen und Genderizismen in die deutsche
Sprachgestaltung einführen oder einzuführen versuchen, unter-
nehmen dies aus verschiedenen Beweggründen. Einer derer ist,
dass sie Mitsprecher des Sports, der Wirtschafft oder der ufer-
losen Rechenerbranche zu erreichen wünschen. Sie befürchten,
den angesprochenen Mitsprechern werde es „spanisch" vorkommen, wenn man denen gegenüber *keine Anglizismen* verwende. Andere Mitsprecher – etwa Zeitungs- und Zeitschriften-
leser – sollen mit vermeintlich „moderner" Sprachgestaltung gewonnen und bei guter Laune gehalten werden. So wird dann
nach derzeitiger Schwundgrammatik nicht nur gesprochen,
sondern auch gar geschrieben, mithin: falsches oder schlechtes
Deutsch angewendet und dies zudem mit Anglizismen gespickt.
Ein anderer Beweggrund (der größte, obwohl zumeist nicht be-
achtete und unbewusste, weil nicht namentlich gekannte Beweggrund der Neuerungsverbreiter) ist *die prüflose Nachlaut-*

ung. Diese ist jedem Menschen ererbterweise angebohren und zunächst eine Anwendung oder Function des Sprechenlernens. Sie geschieht von Anfang an: jedes Kind lautet nach, was es andere Sprecher lauten hört, und eigenet es sich dardurch an. Aber es vermag das Gehörte kaum oder gar nicht zu prüfen. Die meisten Sprecher bemerken dies Nachlauten nie und üben es auch bis ins Alter prüflos aus. So geschieht es, dass auch ältere Sprecher, deren Sprachprüfvermögen auch im Erwachsenenalter noch immer nicht hinreichend entwickelt und gefestigt worden ist, kaum Bedenken hegen, jeden Unfug und auch einen gehörten Anglizismus oder schlimmer gar: ängeleutschen Quatsch [wie etwa ‚At(-Zeichen)‘, ‚Brexit‘, ‚cool‘, ‚DNA‘, ‚emojy‘, ‚fake‘, ‚gechillt‘, ‚Guide‘, ‚Handy‘, ‚High-light‘, ‚Internet‘, ‚Job-Center‘, ‚Killer‘, ‚Label‘, ‚me-too‘, ‚New York‘, ‚online‘, ‚Partner‘, ‚Queen‘, ‚relaxed‘, ‚roundabout‘, ‚shoppen‘, ‚Start-up‘, ‚Team‘, ‚UN‘, ‚USA‘, ‚Veggie‘, ‚web‘, ‚X-mas‘, ‚Yuppie‘, ‚zappen‘ et c.] nachzulauten und ihn dardurch in der Sprachgestalt zu festigen und unter den Sprechern zu verbreiten. Viele dieser lauten ihrerseits prüflos nach, und rasch ist der neue Anglizismus in aller prüflosen Nachlauter Munde. Die prüflosen Nachlauter bilden die große Masse des Sprechervolkes. Wer ihm so vorlautet, dass es keinen Widerwillen entwickelt, der gilt schnell als „Meister der Sprache“, der als Werbetexter, Drehbuchautor, Politredenschreiber et c. begehrt wird. (Statt obiger Anglizismen aber sind vorschlagsweise zu verwenden: ‚Affenohr‘, ‚Brausgang‘, ‚kühl‘, ‚DNS‘, ‚Bildzeichen‘, ‚Falschmeldung‘, ‚entspannt‘, ‚Führer‘, ‚Mobiltelephon‘, ‚Leuchtstern‘, ‚Datennetz‘, ‚Arbeitsvermittelung‘, ‚Mörder‘, ‚Etiquette‘, ‚auch ich‘, ‚Neu York‘, ‚im (Daten-)Netz‘, ‚Teilhaber‘ (oder: ‚Geliebter‘!), ‚Königinn‘, ‚entspannt‘, ‚umständlich/ungenau‘, ‚einkaufen‘, ‚Jung-Unternehmen‘, ‚(Spiel-)Gruppe/ Mannschafft‘, ‚VN‘, ‚VSA‘, ‚vegetarisch‘, ‚Gewebe‘, ‚Weihnachten‘, ‚Jungkarrierist‘, ‚Programm(e) durchlaufen‘).
Um nur ja keinen Widerwillen der prüflosen Nachlauter zu er-

regen, versuchen zahllose Drehbuchautoren, den Zusehern und Zuhörern eine vermeintlich „realistische" Sprachgestaltung zu bieten. Der vermeinte „Realismus" wird zum vordergründig besonderen Beweggrunde der Drehbuchautoren. Filme aller geläufigen Genre-Arten sollen diesem Realismus-Ideal genügen und demgemäß bevorzugt „realistisch" erscheinen und erklingen; darum müsse auch die darin verwendete Sprachgestalt so seien. Mit ‚realistisch' wird in diesem Zusammenhange benannt, dass der gezeigte Filminhalt keines Falles so, wie doch „Kintopp" wirken soll, doch als „authentisch", „echt", „milieugerecht" empfunden werden möge. Deshalb wird eine Sprachgestalt vorgegeben, die der Alltags- und Umgangssprache der Sprecher auf der Straße oder an jedem auszutauschenden Arbeitsplatze entsprechen soll. Demnach wird beispellsweise auf Formen des Praeteritums, des Genitivs, des Coniunctivs I, der complexen Syntax et c. verzichtet, mithin: simplificierte Grammatik angewendet, jedoch der Anteil unguter, modisch klingender Namen erweitert. So werden ungefüge Namenzusammensetzungen (wie etwa ‚affen-geil', ‚grotten-schlecht', ‚mega-hip', ‚turbo-geil' et c.) und Gossennamen des Schmähens, Fluchens und der rohen Gewalt verwendet – und die für den vermeintlichen Realismus der Sprache – ach! – so wichtigen Anglizismen. Weil zahllose prüflose Nachlauter tags, abends und nachts die Filme und Sendungen sehen, ist nach nur 24 Stunden des Fernsehens die Sprachgestaltung des Zusehenden verschlechtert, ja: verfälscht worden.

Vor solchem Zusammenhange warnte schon Schaul Paulus: **„Schlechter Umgang verdirbt gute Sitte"** (1. Kor 15,33). Aber wer achtet heute schon noch auf derlei Weisheit?

Die Mehrheit der Sprecher spricht ohne profundes oder tieferes Sprachwissen und ohne tiefer entwickeltes Sprachbewissen, jedoch mit einer über die Jahre des prüflosen Nachlautens erwachsenen sturen Gewohnheit, die als „Wissen" erachtet und gegen Belehrung oder gar Verbesserung glühend und geifernd

verteidigt wird. Diese Mehrheit zerstört die deutsche Sprachgestaltung, auch wenn sie dies nicht beabsichtigt. Wie können wir
die verbreitete falsche und schädliche Sprachgewohnheit der
Mehrheit der Sprecher angehen und gar überwinden?
Wir mögen unsererseits unsere Sprache und deren Gestaltung
prüfen und gegeben Falles berichtigen und darnach vorbildlich
verwenden. Auch mögen wir uns nicht scheuen, geduldig Leser-
briefe an Zeitungen und Zeitschriften zu versenden, um auf
deren schadhafte Sprachverwendungen hinzuweisen. Auch mit
Anfragen an Firmenvorstände, Geschäfftsleute, Unternehmer et
c. mögen wir darzu beitragen, das mangelhafte Sprachwissen
und ebenso mangelhafte Sprachbewusstseien zu verbessern.
Und besonders mögen wir den Politikern mit Briefen und Petit-
ionen verdeutlichen, dass deren Sprachveränderungsversuche
(Genderismus, Politcorrectniss, Leichtsprech) *nicht aus bloßer
Ideologie ohne profundes Wissen der Sprachwissenschafft geschehen dürfe.* Wer des Sprechens in der Tiefe unkundig ist, der
soll betreffs die Tiefe geziemend schweigen und nicht sich zu
einem unwissenden Sprachdespoten aufschwingen.
Besonders schlimm sind *studierte Falschsprecher*, denen derweil
der namentlichen ‚Studien‘-Zeit **auswendig** suggeriert ward, sie
seien ja werdende Gelehrte und wüssten deswegen automatisch
Alles, und zwar umfassend und trefflich. Was aber weiß ein
auswendig gelehrter Sprecher über das Inwendige der Sprache?
Wir können aus Antwortschreiben ersehen, mit welch hart-
näckigem Dünkel manche gelehrten Sprachverbrecher ihre
Misstaten gegen Berichtigungsversuche verteidigen.
Sehen wir nicht allso übermäßig blauäugig: die Mehrheit der
Geistvermeidungsbestrebten versucht, genau dies durchgängig
zu verwirklichen: in Ruhe dumm zu bleiben. Gottfried Benn er-
sah dies anno 1954 schon trefflich: (aus ‚Eure Etüden‘, 1954).

„dumm seien und Arbeit haben:
  Das ist Glück.“

Für weibliche Geistvermeidungsbestrebte wäre garstig hinzuzufügen: „Dumm zu seien und *mindestens ein Kind zu haben*: das
ist Glück." Aber eine durchdachte, nachzuvollziehende Sprachgestaltung und -anwendung erachten solche Sprecher gewiss
nicht als „erforderlich" oder als „Gewinn bringend".

Die seit je her tugendarme Jugend muss für gute Sprache zu-
rückgewonnen werden! Darzu muss Begabung gefördert, hingegen das Geistvermeidungsbestrebtheitserbe bemerkt und
überwunden werden. Sprachprogramme auf Rechenern und im
Datennetze müssen demgemäß berichtigt oder neuerlich ent-
worfen werden. Musik muss wieder begeistet und „Mousik"
werden und so erklingen, sodass das Gemüt der ihr dürstend
Lauschenden erwärmt werde!

Wo aber und wie geschieht Sprach*gestaltung*? In der (lautend
und schreibend) gesprochenen Sprache der lebig Sprechenden.
In trockenen Grammatik-Lehrbüchern und in vorwiegend geist-
armen Wörterbüchern (alias ‚Lexika') steht mehr geschehene
und erstarrte Sprach*gestaltetheit* zu lesen denn frisch geschehende Sprach*gestaltung*! So geschieht die oben genannte, beob-
achtete Sprachzerstörung schlimmst in der erst entwickelt
werden sollenden Sprache der Jugend, der eine zu sprechende
Sprache widerdächtiger Gestalt untergeschoben wird.

**Sprache als Grundlage und Ermöglichung der bewiss-
entlich bewohnten Welt des Sprechers** muss beachtet, gepflegt und wohlgelehrt werden!

Nehmen wir noch als ein besonderes Beispell für schleichende
Verfälschung die neuere Verwendung des Adiectivs ‚richtig'.
Dies ist mit ‚recht', ‚gerecht' und ‚richten' verwandt und dient
eigentlich der Benennung dessen, das „recht" ist, und des
Gegenteiles zu ‚falsch'. Aber auch eine andere Verwendung
ward und wird nahezu unbemerkt darzugemogelt, nämlich als
Ersetzung der Namen ‚echt' oder ‚wirklich'. So sei etwa ein
‚echter Bär' ein „richtiger Bär", ein ‚tatsächliches Verbrechen'
ein „richtiges Verbrechen" und eine ‚wirkliche Ungerechtigkeit'

eine „*richtige* Ungerechtigkeit". Dies führt darzu, dass es den an diese Verwendung des Namens ‚richtig' gewöhnten Sprecher nicht genügt, das etwas ‚falsch' sei, nein, für ihn muss es „*richtig falsch*" seien, dass ihm die Falschheit aufgeht. So verkommt „das Richtige" zu etwas Belanglosem oder gar zur Bekräftigung „des Falschen" [so absurd, wie ‚sehr' (= „ver-sehr-t") zur Bekräftigung des ‚Gesunden'!]. So weit allso ist die schadhafte Umgestaltung des Deutschen fortgeschritten!

Dies ist der Fortschritt der Gewohnheit der Entgeistlichung der Sprache. Aber „Fortschritt" gilt ja unter oberflachen, prüflosen Sprechern als „etwas unbedingt Gutes". So, wie auch „Qualität" von ihnen als „etwas jedes Falles und ggenteilslos Gutes" besprochen wird, und wie „Kritik" und „Zumutung" in jedem Falle „etwas Schlechtes" sind. Das prüfende Unterscheiden ward schon seit Langem unbemerkt abgeschafft! Der Fortschritt aber lebe hoch! – Aber auch fortschreitende Verdummung ist leider ein „Fortschritt".

Jedes Falles möge gelten:

Die Sprache mit sämmtlichen Namen, Namenfolgen, Namenverbindungen ist jedem Sprecher der Fürstand (= „*Ver-stand*") seiner Welt, denn jeder Name der Sprache *steht* darin *für* das mittels seiner Benannte. So ergiebt* all sein Benanntes in seinem Haupte seine ganze Welt. Aber wie nachlässig verwendet er jene Sprache zumeist? Nie zuvor wurde die deutsche Sprachgestaltung so angegriffen, missbraucht, verpfuscht, wie in dieser heutigen Zeit, nämlich in den ersten zwanziger Jahren dieses vorgeblich dritten Jahrtausends.

---

*nhd. ‚ergiebt' zu ‚ergeben', so, wie ‚liest' zu ‚lesen'

II. Die beobachtete Zerstörung unserer heutigen Sprachgestalt

Wir beobachten den geschehenden Verfall unserer Sprache auf folgenden sechs **Ebenen**:

a) auf der Ebene der Nennleistungen der Namen,
b) auf der Ebene der Beugungsweisen der Namen,
c) auf der Ebene der Schreibweisen der Namen,
d) auf der Ebene der Herkunftsverstreutheit der Namen,
e) auf der Ebene des Satzbaus,
f) auf der Ebene der Phrasen,
g) und auf sonstigen Ebenen.

Zu a) „die Ebene der Nennleistungen der Namen":

Der gemeine Sprecher in neuhochdeutscher Sprachgestaltung kennt den Namen nhd. ‚Nennleistung' nicht. Statt dessen verwendet er unablässig den Namen nhd. ‚Bedeutung'. Er denkt, das, was mittels eines Namens benannt wird, sei dessen „Bedeutung", auch wenn diese oder das Benannte in jeder Hinsicht *unbedeutend* sind. Er bemerkt nicht, dass er sich und der Nennleistung des Namens ‚Bedeutung' widerspricht. Was hingegen mittels eines Namens benannt wird, das ist dessen *Nennleistung*, einerlei, ob diese dem Sprecher etwas *bedeutet*, mithin: ihn als *bedeut*samm* dünkt oder nicht. So irrt auch Jürgen Trabant [der den Namen ‚Bedeutung' nicht als „zweifelhaft" erachtet, sondern ihn in seinen Ausführungen (in „Die Sprache", München 2009) bestetigt]. Er schreibt, er verbinde mit einer

---
*nhd. ‚bedeutsamm', gefügt aus ‚be-', ‚deut', ‚-samm', zu nhd. ‚deuten', ahd. ‚diuten'

Lautfolge eine „bestimmte Vorstellung, die wir „Bedeutung"
nennen". Der Name ‚bedeuten' verweise auf „deuten" oder
„zeigen": „Laute müssen (...) mehr sein als nur Laute, sie
müssen „für etwas" stehen oder „etwas" enthalten, das man
nicht hören kann." Dies nicht zu Hörende, was die Laute „enthalten", sei: „die Bedeutung nämlich" (S. 19).
Diese denkt Trabant sich ernstlich als *vermögend*, etwa das Verhalten der Menschen zu verursachen. „A produziert Laute", die
B hört, „bis die beiden sich umarmen und jeder in eine andere
Richtung davongeht. (...) offensichtlich sind es diese Laute, die
dieses Verhalten der Menschen verursachen." Laute als „Ur-
Sachen" oder „Verursachendes"? Vielleicht ist „die Ursache" des
Verhaltens der Menschen doch etwas mehr denn nur flüchtige
Laute ohne eigenständiges Seien. Jedes Falles *bewegen die
sprechenden Menschen einander zu einem Verhalten*, indem sie
Namen lautend aussprechen. So wären die Laute aber nicht
„Ursache", sondern nur „Mittel": *Nennmittel.* Enthalten diese
aber „Bedeutungen"?
Wer aufrichtig verliebt ist, dem wird die Bedeutsammheit er-
schlossen: wo die Liebe ist, dort ist Bedeutsammheit und somit
Bedeutung zu empfinden. Allein schon der Name des geliebten
Menschen ist unendlich bedeutsam. Aber er ist dies nicht,
weil ja alle Namen „Bedeutungen" hätten, sondern *weil dieser
eine, dem Liebenden besondere Name für die Liebe und mit ihr
für das Unendliche steht*, das unfasslich ist. Die Nennleistung
des Namens des oder der Geliebten mag darbei bedeutlos
dünken, weil mittels seiner etwas Begrenztes benannt wird Als
Beispiele seien der masculine Name ‚Kevin' aus dem keltischen
Adiectiv für nhd. „höflich" und der feminine Name ‚Sheila' aus
der irischen Gestaltung des Namens ‚ängl. ‚Cecily' (zu nhd.
‚Cäcilie', aus lat. ‚caecus' = „blind") genannt. Vielleicht wird ein
Säugling ‚Kevin' genannt, weil dieser Name den namenmode-
hörigen Ältern (siehe S. 35) gefällt, aber der Bengel wird ein un-
höflicher Grobian; der sehende weibliche Säugling aber wird

‚Sheila' genannt, weil dieser Name als so „schön" empfunden wird, obwohl der darmit benannte Mensch nicht blind ist und vielleicht auch nie wird. Und diese nur zufällig verwendeten Namen seien „bedeutsamm", sodass wir die Nennleistungen als ‚Bedeutungen' benennen sollen? Unfug!

Die Nennleistung eines Namens ist diesem zumeist anzuhören oder abzulesen, doch dem gemeinen Sprecher ist diese Kunst unerschlossen und „zu hoch". Weder hört er beispellsweise aus dem Namen nhd. ‚notwendig' die „Not" heraus, noch liest er ihm das „(Ab-)Wenden" ab. So nennt er etwas lediglich Erforderliches in jedem Falle „notwendig", obwohl durch das Erforderliche, auch wenn es gegeben ist, „die Not" vielleicht doch nicht abgewendet wird. Statt „Es ist erforderlich, dass wir die Deiche erhöhen", bekunden gemeine Sprecher, es sei „notwendig, die Deiche zu erhöhen". Aber wenn sie die Deiche lediglich erhöhen, statt sie auch zu verstärken, halten sie vielleicht dem größeren Druck des höher anwogenden Seewassers nicht stand; so *wendet* die Deicherhöhung die *Not* nicht ab und ist allso nicht „not-wendig".

Oder als zweites Beispell sei der Name nhd. ‚vorhanden' genannt: Welcher gemeine Sprecher hört aus diesem Namen „die Hände" heraus oder liest sie ab? Und doch nennt mhd. ‚vor handen' nhd. „vor den Händen". Wie mögen denn aber etwa „Ärger", ‚Blödigkeit', „Demut", „Fleiß", oder „Heimweh" *vorhanden, mithin: vor den Händen* seien? **Etwas zu Greifendes mag vor den Händen seien** und demgemäß benannt werden, **doch nicht Gemütsregungen, Feeler oder Empfindungen!** Wird aber der gemeine Sprecher auf solche Unbedachtheit und Widersprüchlichkeit seines Sprechens hingewiesen, bekundet er abwehrend: „Die Bedeutungen der Worte haben sich halt geändert!" Oder er spricht, dicker noch: „Die Sprache hat sich eben geändert!" Ja? Wie vermöchte(n) „Sprache" und „Bedeutungen" dies? Weder die vermeinten „Bedeutungen" – die nur fälschlich benannten Nennleistungen –

33

noch „die Sprache" sind eigenständig Seiende mit zu beobacht-
endem Eigenänderungsvermögen.

Schwerer wird das Heraushören oder Ablesen der Nennleistung
allerdings bei Namen fremder Herkunft. Diese Fremdnamen
‚Fremdworte' zu nennen, ist zwar leider üblich, jedoch missver-
ständlich, denn was zu den *Namen* hinzuzudenken, hinzuzu-
bilden, hinzuzuempfinden, hinzuzuwerten sei, dass auf ihnen
Worte erwerden, steht ja noch in Frage, so lange die Nennleistung dieser Namen noch nicht clar ist. Dass beispellsweise
mittels des Namens nhd. ‚Theohríe' (hellenischen Ursprunges:
‚theohría', verwandt mit ‚Theater') nhd. „Anschauung, Schauspiel" hinzuzudenken ist, wissen die wenigsten Sprecher ohne
Herkunftswörterbuch.

**Hier beginnt die Fortsetzung der kurzen Liste un-
durchschauter deutscher Namen, die gemeinhin
ungeprüft und unergründet bleiben:**

‚**abhanden**', zu mhd. ‚abhanden'. Der Name nhd. ‚handen' (wie
in ‚abhanden', ‚vorhanden', ‚zuhanden') ist eine mhd. Mz. zu
nhd. ‚Hand'; ‚abhanden' ist allso als „den Händen abgehend)" zu
denken. Wenn etwas den Händen abgekommen ist, dann ist
dieser Name zu verwenden, nicht jedoch dann, wenn etwas
sonstwem abgekommen ist. Nicht mag etwas etwa „den
Zähnen" oder „den Hunden" ab*hand*en kommen, weil diese
ohne Hände sind.

„Kam ihre Liebe plötzlich abhanden" (Erich Kästner, „Sachliche
Romanze"). Solche Darstellung ist fragwürdig oder gar falsch;
allein in der Poësie und ihrer besonderen Sprachgestaltung ist
sie zulässig. Siehe auch ‚**vorhanden**'!

‚also', mhd. ‚also', zusammengesetzt aus nhd. ‚all' und ‚so': Allso bitte ab jetzt ‚**allso**'.

‚**Ältern**' (Mz.), zu nhd. ‚alt', ‚älter'. Die „Eltern" (mhd. ‚eltern' sind als „die Älteren" zu denken. Die Einhochdeutschung ward schlichtweg vergessen oder aus Sturheit unterlassen. Wieso allso noch immer ‚Eltern' mit Anfangs-‚E'? Als „Begründung" steht im Duden („Das Herkunftswörterbuch", 6. Auflage, 2020, S. 231): „Die Schreibung mit E- blieb auch nach der letzten Rechtschreibreform erhalten, weil die ältere Vorstellung „alt" gegenüber der Vorstellung „Vater und Mutter" verblasste." Und beim Namen nhd. ‚Stengel' hingegen [der neuerdings mit ‚ä' statt ‚e' zu buchstabieren ist (‚Stängel')] sei die Vorstellung der „Stange" etwa nicht verblasst, darher der nhd. ‚Stängel' abgeleitet ist? Unfug! Der Duden arbeitet nicht nachzuvollziehen willkürlich. Allso ab jetzt bitte nur noch ‚**älterlich**', ‚**Ältern**', ‚**Ältern-schafft**', ‚**Älternteil**', ‚**Großältern**' usf.

‚**Argwohn**', ‚**argwöhnisch**'; zu ‚Wahn' und ‚wähnen', nicht jedoch zu ‚wohnen' oder ‚verwöhnen'. Allso bitte ab jetzt ‚**Argwahn**', ‚**argwähnisch**'.

‚**Armut**': ‚Arm-ut', zu nhd. ‚arm' (ahd. ‚ar[a]m') und ‚-ut', nicht jedoch zu ‚Mut' oder ‚-mut'. Allso bitte ab jetzt nur noch *der* ‚**Mut**' [*der* ‚**Demut**' (= ‚Dienmut'), *der* ‚**Edelmut**', *der* ‚**Groß-mut**', der ‚**Heldenmut**', der ‚**Langmut**', der ‚**Missmut**', der ‚**Übermut**', der ‚**Unmut**', der ‚**Wagemut**', der ‚**Wankelmut**', *der* ‚**Wehmut**' et c.] Aus *dem* Mute *die* Mut zu gestalten, ist zu dem Namen ‚die Arm-ut' zurückzuführen, die nicht mit ‚Mut' verwandt ist, nur so klingt.

‚**Ausdruck**': zu nhd. ‚aus' und ‚drücken'. Wie aber seien Empfindungen und Gedanken zu *drücken*? Indem man sie benennt und ausspricht? So dünkt uns der gemeine Sprecher, der den

Namen ‚Ausdruck‘ ungeniert als Ebennamen (alias ‚Synonym‘) für ‚Name‘ oder ‚Wort‘ verwendet, wenn auch unbewissentlich zu denken. Wo aber bleibt darbei der „Druck"?
Darzu eben so: ‚**ausdrücken‘**, ‚**ausdücklich‘**. Aber setze ab jetzt besser ‚**äußern‘**, ‚**benennen‘**!

‚**ausgerechnet‘**: zu nhd. ‚aus‘, ‚ge-‘ und ‚rechenen‘. Rechenet aber „das Schicksal"? Oder „der (vermeinte) Zufall"? Wer den Namen ‚ausgerechenet‘ verwendet, der meint nicht, dass eine Rechenaufgabe erfüllt worden sei, sondern etwa „Wie war auf den oder dies zu kommen? *Ausgerechenet* von einem Notarztwagen wurde er angefahren und konnte allso schnell versorgt werden." Wo aber bleibt „die Rechenung" oder „das Rechenen" in solcher Deutung? Gemeint mit dem Namen ‚ausgerechenet‘ ist ‚bemerkenswerter Weise‘.

‚**ausgesprochen‘**: zu nhd. ‚aus‘ und nhd. ‚sprechen‘ (‚gesprochen‘). Dieser Name wird oft missbraucht, wenn eigentlich „auffällig, besonders" gemeint ist, ohne diese Namen darfür anzuwenden. „Das Wetter ist ausgesprochen unfreundlich!" oder „Dieser Mann war aber ausgesprochen unhöflich!" Eigentlich jedoch ist ‚ausgesprochen‘ nur als Name für „sprechend geäußert", mithin: für die Beëndetheit oder die Ausgeführtwerdendheit eines Aussprechens zu verwenden (als „zweites Particip" zu ‚aussprechen‘).

‚**aussagen‘**: zu nhd. ‚aus‘ und nhd. ‚sagen‘. Wie unter ‚nennen‘, ‚reden‘, ‚sagen‘, ‚sprechen‘, ‚zeihen‘ usf. und all deren Vorsilbenbildungen (‚benennen‘, ‚bezeichenen‘, usf.) einleuchtend zu scheiden sei, weiß der gemeine Sprecher nicht und will es auch weder wissen noch befolgen. Jedes Falles *sagt* all Genanntes, Geredetes, Gesprochenes, Geziehenes mindestens einem Hörer oder Leser etwas. Jede *Aussage ist nur das in einem Hörer Angekommene* einer zu diesem gerichteten Äußerung.

‚aussehen‘: zu nhd. ‚aus‘ und ‚sehen‘. Der gemeine Sprecher denkt zu dem Namen ‚aussehen‘ etwa „zu sehendes Äußeres“ hinzu, sodass „ein Mensch so aussieht, wie er gesehen wird“. Aber gemeint ist eigentlich: „erscheinen“, denn zu sehen ist einzig seine Erscheinung, nicht seine „geistliche oder waare* Gestalt oder Gestaltetheit“.

‚auswendig‘: zu nhd. ‚aus‘, ‚wend‘ und ‚-ig‘. Dass dessen zu denkendes Gegenteil mittels des Namens ‚inwendig‘ zu benennen sei, bemerken die seltensten Sprecher. Sie denken zu dem Namen ‚auswendig‘ ja auch nicht „nach außen gewendet“ hinzu, sondern „so gelernt, das man ohne Textvorlage den Text aufsprechen kann“. Das Auswendigtum unserer Bildungsanstalten bleibt ja von den – ach! – so klugen Auswendiglehrern und -lernern ohnehin gänzlich unbemerkt.

‚-bar‘, verwandt mit nhd. ‚barfuß‘ (= „der bare Fuß ohne Socke oder Schuh“), ‚Bargeld‘, ‚barhäuptig‘, ‚Ballast‘ (= „die bare Last“), Barschafft‘ usf. Somit wäre die Nennleistung des Namens nhd. ‚fruchtbar‘ etwa „ohne Frucht, bar jeder Frucht“. Weil sie jedoch das Gegenteil ist (nämlich „Frucht behrend, tragend“), muss der Name mit ‚h‘, nämlich: ‚fruchtbahr‘ buchstabiert werden, der mit nhd. ‚Bahre‘ und ‚entbehren‘ (= „unbehren, nicht behren“ = „nicht tragen“) verwandt ist.

‚-bahr‘, verwandt mit nhd. ‚Bahre‘ und nhd. ‚entbehren‘ (= „unbehren, nicht behren“ = „nicht tragen“). Somit auch **‚ehrbahr‘**, **‚fruchtbahr‘**, **‚furchtbahr‘**, **‚wunderbahr‘** et c.
‚bedeuten‘, Vorsilbenbildung zu nhd. **‚deuten‘** (ahd. ‚diuten‘), verwandt mit nhd. **‚deutsch‘**, **‚deutlich‘**, **‚Deutung‘**. Die ursprüngliche Nennleistung ist als „auslegen, (hin-)weisen, ver-

---

* nhd. ‚waar‘ nicht ist mit ‚wahrnehmen‘ verwandt, sondern mit lat. ‚verus‘ (Siehe S. 74!)

ständlich machen" zu denken. Der gemeine Sprecher gebraucht den Namen ‚bedeuten' nur im Zusammenhange mit „Wort" und „Begriff" und meint darmit etwa „das zu Namen hinzugedachte Unbedeutsamme". Darzu auch ‚**bedeutsamm**', ‚**Bedeutung**'. Siehe auch ‚Nennleistung'!

‚**Beëinträchtigung**', zu nhd. ‚be-', ‚Eintrag', ‚-ung'. Dieser Name ist eine Weiterbildung zu fnhd. ‚eintragen' und ‚beëinträchtigen. Der heutige gemeine Sprecher verwendet den Namen für die Benennung einer „Verringerung". Wo aber bleibt „die Eintracht"? Die ostmitteldeutsche Gestalt des Namens ‚Eintracht' entspricht dem nhd. Namen ‚Eintrag', mittels dessen auch „Schaden, Nachteil" benannt ward. So ward aus der „Beschädigung" eine „Beëinträchtigung ohne jede Eintracht". Dass der gemeine Sprecher in seiner prüflosen Nachlautung und Faselei solcherlei Verzerrung verursacht, liegt außerhalb seines Horizonts. Darzu: ‚**beëinträchtigen**'.

‚**befähigen**', aus nhd. ‚be-', ‚fahen' (sic!), ‚-ig'. Siehe unten unter ‚fähig' (verwandt mit nhd. ‚fangen')!

‚**beg(e)leiten**', aus ahd. ‚bi-liten' (nhd. ‚be-leiten') und ahd. ‚gileiten' (nhd. ‚geleiten') zusammengeworfen. Die übliche Buchstabierweise ‚begleiten' ist eine Verkrüppelung. Deswegen nun bitte ‚**begeleiten**', denn der Name ‚begleiten' klingt, als sei er eine Vorsilbenbildung (alias ‚Praefigierung') des einfachen Geschehensnamens nhd. ‚gleiten', was er nicht ist.

‚**Begriff**' (mhd. ‚begrif'), zu nhd. ‚be-greifen' (ahd. ‚bigrifan'). Die ursprüngliche Nennleistung des Namens ‚Begriff' muss in einer Weise ‚(be-)greifen' enthalten: Was aber werde be-griffen? Ist jemand „schwer von Begriff", sieht er nur langsam etwas ein oder lernt es. Was aber werde begriffen? Ist er aber „im Begriff, etwas zu tuen", steht er kürzlich vor dem Beginne dieses

Tuens. Was aber werde begriffen? Der vermeinte Inhalt eines Gedankens? Wieso werden die Namen ‚Name‘ und ‚Begriff‘ so oft verwechselt? Wer „im Begriff ist, etwas zu tuen“, der ist vorm *Ergreifen* eines beabsichtigten Tuens. Wer etwas „be-greift“ (auch wenn er angeblich „schwer von Begriff“ ist), der *er-greift* etwas – er? *Dessen Namen ergreifen* das mittels ihrer Be-nannte aus der Namen-, Wort- und Abbildermenge im Ge-dächtnisse. Jeder Name, den ein Sprecher gelernt hat und allso kennt, und den er vernimmt, ergreift das mittels des Namens Benannte aus dem Fürstande und erinnert es dem Sprecher.

‚benötigen‘, verwandt mit nhd. ‚Not‘. Nennleistung? Wenn ‚be-lustig-en‘ als „lustig zu werden bewegen“ zu denken ist, und ‚be-leidig-en‘ als „leidig zu werden bewegen“, dann müsste in selber Logik ‚be-nötig-en‘ als „nötig zu werden bewegen“ zu denken seien. Die Nennleistung des Namens ‚nötig‘ aber ist als „durch Not bestimmt“ zu denken. Aber der gemeine Sprecher denkt zu dem Geschehensnamen ‚benötigen‘ etwa „bedürfen“ hinzu, ohne eine „Not“ zu bemerken. Warum aber verwendet er den Namen ‚bedürfen‘ nicht, wenn er doch das Jenige meint, das mittels dieses Namens benannt wird? Der Name ‚bedürfen‘ wird als „altmodisch“ gewertet. Altmodische Namen wähnt der gemeine Sprecher, nicht verwnden zu dürfen, weil seine Zuhör-er sonst schlecht über ihn dächten. Das Gegenteil ist der Fall! Ab jetzt bitte ‚**bedürfen**‘!

‚**berühmt**‘, aus ‚be-‘, ‚rühm‘, ‚-t‘, zu nhd. ‚berühmen‘. So kann „die „berühmte“ Nadel im Heuhaufen“ nicht „berühmt“ seien, denn wer sollte eine Nadel berühmen? Sie verdient keinen Ruhm. Sie ist lediglich *bekannt* oder *vielgenannt*.

‚**beschreiben**‘, verwandt mit nhd. ‚schreiben‘ (ahd. ‚scriban‘), aus lat. ‚scribere‘. Eine „Be-schreib-ung“ (etwa eines vermeinten „Täters“ oder eines als „Tat“ gedeuteten Anteiles des großen Gesammtgeschehens) wird aber oft auch von Sprechern verlangt, die nicht schreiben gelernt haben. Allso ist ‚benennen‘ trefflicher denn ‚beschreiben‘.

‚**besitzen**‘, aus nhd. ‚be-‘, ‚sitz‘, ‚-en‘. Nennleistung: „beisitzen“. Gemeint ist, dass „das Jenige, dar*bei* jemand *sitzt*, seines sei“. So mag jemand ein Ross besitzen, darauf er sitzt und reitet, doch ist er dardurch noch kein ‚Eigener‘ oder ‚Eigentümer‘ dieses Rosses; siehe je dort!

‚**beten**‘, ahd. ‚beton‘. Angeblich kannten die Germanen das Beten nicht (Duden, Bd. 7, S. 143, Berlin 2020). Aber kennt der heutige, gemeine, deutsche Sprecher „das Beten“? Er denkt zwar zu wissen, was „dies“ sei, nämlich Texte derweil der Zusammenkunft in der Kirche oder unter dem Creuce aufzusprechen. Aber solches Sprechen ist kein „Beten“, denn Beten ist – statt nach Mekka oder Rom – an GEIST gerichtet (Joh 4,24) und geschieht ohne Namen. Der Name nhd. ‚beten‘ ist mit nhd. ‚bitten‘ (ahd. ‚bitten‘) verwandt. Geistliches, rechtes **Beten geschieht als „liebevolles Bitten ohne Namenfolgen für einen Nächsten oder mehrere Nächste“.** Dies schließt ein angstvolles Betteln und vielnämige Beschwörungsreden aus.

‚**Beziehung**‘, aus nhd. ‚be-‘, ‚zieh‘, ‚-ung‘. Wer etwas bezieht, der mag einer ‚Beziehung‘ sprechen. Beispellsweise mag jemand eine Zeitung beziehen und pflegt insofern eine Beziehung mit dem Zeitungshändeler. Der gemeine Sprecher missachtet „das Ziehen“ in diesem Namen und verwendet ihn ungeniert für eine „Liebschafft“. Was aber *bezieht* ein Paar in einer „Bezie*hu*ng“ ohne Liebe? Sex? Prügel? Siehe auch ‚**Verhältniss**‘!

‚**Bildungssprache**‘: mittels dieses nhd. Namens wird nicht benannt, wer oder was gebildet sei oder werde oder welcher Zusammenhang mit „Sprache“ gemeint sei. Gewiss geschieht

„Bildung" als belehrende Erziehung eines Menschen nicht ohne die Sprache. Aber zumeist wird dieser Name ‚Bildungssprache' verwendet, um die Sprecher einer Sprachgestaltung als „gebildet" zu benennen (dardurch aber andere Sprecher oder deren Sprache als „ungebildet" ausgegrenzt werden). Um vor Dünkel zu schützen, wird vor Gebrauch eines solchen Namens eine neuerliche Bedenkung und Prüfung des Benannten oder des Hinzuzudenkenden und zu -wertenden empfohlen. Siehe auch ‚geschlechtergerechte Sprache', ‚unschuldige Sprache'!

‚brauchen', ahd. ‚bruhhan', verwandt u. a. mit ‚Brauch(tum)', ‚Gebrauch', ‚gebräuchlich', ‚verbrauchen' et c. Außergermanisch ist ‚brauchen' mit lat. ‚frui', ‚fructus', ‚frux' verwandt, sodass als ursprüngliche Nennleistung des Namens ‚brauchen' etwa „genießen, Nahrung aufnehmen, verwenden" zu denken ist. Der heutige gemeine Sprecher hingegen denkt zu dem Namen ‚brauchen' etwa „bedürfen" hinzu. Jeder zweite Politiker verwendet ‚brauchen' in etwa jedem dritten Satz seiner Reden: „Wir brauchen...", „Was wir brauchen, ist...". Aber auch ihm möge gelten: Er und *„man" kann nur das Jenige (ge-)brauchen, das er oder „man" schon bekommen, erlangt oder gewonnen hat.* Das Andere *bedürfen* wir.

‚büßen', ahd. ‚buozen', darzu nhd. ‚Buße'. Die ursprüngliche Nennleistung des Namens ‚büßen' ist als „Besserung, Wiedergutmachung" zu denken. Im Zorne gebrüllte Drohungen wie: „Das sollst du mir büßen!" klingen jedoch so, als denke deren Sprecher „Das wird dir noch Leid tuen!" zu seiner geäußerten Namenfolge rachedurstig hinzu. Aber wie sei solches „Leid" mit einer schieren „Wiedergutmachung" oder „Ausbesserung" eines Schadens zu verbinden? Das mittels der Namen ‚Buße' oder ‚büßen' Benannte gilt den Sprechern als „ungut". Siehe darzu auch ‚**Einbuße**'!

,**da(r)**' ist nicht nur alleinstehender Name der Voranstellung (alias ,Präposition') der Ortsangabe, sondern auch Bestandteil zahlloser anderer Namen: ,daran', ,daraus', ,darbei', ,darein', ,darin(nen)', ,darhinter', ,darum', ,darunter' et c. Allso bitte ab jetzt durchgängig ,**dar**'. Demgemäß ,**darab**', ,**daran**', ,**daraus**', ,**daraußen**', ,**darbei**', ,**darher**', ,**darhin**', ,**darhinter**', ,**darin**', ,**darmit**', ,**darneben**', ,**darüber**', ,**darum**', ,**darunter**', ,**dar-zu**', ,**darzwischen**' et c.

,**darmit**', aus nhd. ,da(r)' und ,mit'. Die ursprüngliche Nenn-leistung des erst nachträglich zusammengezogenen Namens ist als „mit dem" zu denken. Aber dann setzt der gemeine Sprecher Sätze wie etwa: „Ich bestrafe dich, da(r)mit du lernst, dass man Schwächere nicht schlägt!" „*Da(r)mit* du lernst"? Womit lernst du? Mit der Strafe? Allso bitte ab jetzt: ,**auf dass**', ,**sodass**'!

,**demütigen**', zu nhd. ,Demut', ahd. ,dmuot'. Die Nennleistung des Namens ,Demut' ist als „Dienmut" zu denken. Demgemäß kann die Nennleistung des Namens ,demütigen' nicht „er-niederigen" seien, sondern „dienmütig zu werden bewegen".

,**Dinge**' (Mz.): „Er erzählte mir merkwürdige Dinge". Ach, ja? Kann jemand „Dinge erzählen"? Er kann besten Falles Gescheh-nisse berichten oder Märchen erzählen. Die vermeintlichen „Dinge" sind ein verkappter Anglizismus, denn in ängelischer Sprachgestaltung reden die Sprecher immerzu über ,things' (= „Dinge").

,**d'ran**', eigentlich ,daran'. Das ,a' fiel durch mangelhafte (Aus-)Sprachachtung seitens des gemeinen Sprechers in vielen ver-wandten Namen aus, beispellsweise in ,d'rauf', ,d'raußen' ,d'rin-ne(n)', ,d'roben', ,d'rüber', ,d'runter' usf. Durch den Ausfall des ,a' an der zweiten Stelle wird verschüttet, dass mittels der ersten Silbe – die ohne ,a' keine zu seien scheint – ein ,dar' benannt wird. Weil es dem Sprecher mangelt, bildet er widerdächtige Namenfolge, mittels derer er das verlorene ‚dar‘ zu ersetzen versucht. Beispellsweise: ‚Da(r) d'rinnen‘, oder ‚da(r) d'rauf‘ et c. Welch ein Unfug, denn ‚da(r) d'rinnen‘ ist so viel wie „dar darinnen"; ‚da(r) d'rauf‘ so viel wie „dar dar-auf" usf.! Aber es ist noch nicht zu spät, den Feeler zu büßen; mögen wir ab jetzt darauf Acht geben, das verlorene ‚a‘ wiederzufinden und wiederzuverwenden, dass das verlorene ‚dar‘ wieder mitbenannt werde. Allso ‚darab‘, ‚daran‘, ‚darauf‘, ‚daraus‘, ‚daraußen‘, ‚darhin‘, ‚darhinter‘, ‚darinnen‘, ‚darüber‘, ‚darum‘, ‚darunter‘, ‚darzwischen‘ et c.

‚eben‘, ahd. ‚eban‘.Die ursprüngliche Nennleistung ist als „geleich, unterschiedlos" zu denken. Der Gebrauch dieses Welchheitsnamens durch den gemeinen Sprecher („Hab‘ ich eben gemacht!"; „Eben! Sag‘ ich doch!") ist nennleistungsmissachtend. Darzu: ‚**Ebenbild**‘, ‚**ebenbührtig**‘, ‚**Ebene**‘, ‚(ein-)**ebenen**‘, ‚**ebenmäißg**‘, usf.

‚echt‘: mnd. ‚echt‘, aus mndl. ‚echt‘, zu mhd. ‚ewahaft‘. Die ursprüngliche Nennleistung ist als „echt, rechtmäßig, unverfälscht" zu denken. Der Name mndl. ‚echt‘ ist aus mnd. ‚e-haft‘ zusammengezogen (zu ahd. ‚ewa‘, nhd. ‚Ewe‘), allso nhd. ‚ewhaft‘ („dem die Ewe anhaftet"). Siehe ‚**ewig**‘!

‚**eigen**‘, ahd. ‚eigan‘. Statt ‚das ist mir/dir/ihm/uns eigen, benennt der heutige gemeine Sprecher das Gemeinte mittels der Namenfolge „Das gehört mir/dir/ihm/uns.", auch wenn es kein Gehör aufweist, mithin: taub ist. Siehe auch ‚**gehören**‘! Der Name nhd. ‚eigen‘ als Namensbestandteil hingegen wird zunehmend durch ‚selb(st)‘ verdrängt, sodass etwa „das Eigenständige" zum „Selb(st)ständigen" wird. Aber welches wenn auch Eigene steht (von) selb(st)? Siehe auch ‚**selbst**‘!

‚**eigenen**‘, zu ahd. ‚eigan‘ (nhd. ‚eigen‘). Die ursprüngliche Nennleistung ist als „etwas als Eigenes aufweisen" zu denken. Der Eigener *eigenet* dies Etwas. Darzu: ‚**Eigener**‘, ‚**Eigentum**‘, ‚**Eigentümer**‘ et c.

‚**einbilden**‘, aus nhd. ‚ein-‘, ‚Bild‘ ‚-en‘. Die ursprüngliche und eigentliche Nennleistung dieses Geschehensnamens ist als „im Haupte (oder im Sinne) ein *Bild* entwerfen" zu denken. Der heutige, prüflose, gemeine Sprecher denkt zu diesem Namen „halluzinieren" hinzu und verwendet ihn dementsprechend fälschlich und phantasielos. Meint er hingegen das eigentliche „Einbilden", benennt er dies mittels des Namens nhd. ‚(sich etwas) vorstellen‘, was wiederum falsch ist, denn nicht stellt der Sprecher sich etwas vor, sondern **er stellt sich etwem vor**, indem er sich beispellsweise ein Haus denkt, vor dem er eingebildet, mithin: mit einem Bilde im Sinne steht. Siehe auch ‚**sich einbilden**‘ (S. 132), ‚**sich vorstellen**‘ (S. 133)!

‚**Einbuße**‘, aus nhd. ‚ein-‘ und ‚Buße‘. Der heutige gemeine Sprecher denkt erstaunlicher Weise zu dem Namen ‚Einbuße‘ etwa „(Geld-)Verlust" hinzu, jedoch nicht etwa „büßen" (= „ausbessern, wiedergutmachen"). Allso denkt er sich die Nennleistung des Namens nhd. ‚einbüßen‘ letztlich – wenn auch nicht mit oder in diesen Worten – als „verlieren ohne zu büßen"; demgemäß zu ‚Einbuße‘ „bußloser Verlust". Was spricht dargegen, einen Verlust mittels des Namens ‚Verlust‘ zu benennen?

‚**einfach**‘, aus nhd. ‚ein‘ und ‚-fach‘. Die ursprüngliche Nennleistung ist als „einmal" zu denken (so, wie des Namens ‚hundertfach‘ als „hundert Male"). Dann auch „uncomliciert, unschwer". Der Gebrauch aber in Sätzen wie „Mach das doch einfach so und so!" ist bedenklich oder gar falsch. Darzu ‚**Einfachheit**‘, ‚**vereinfachen**‘

‚**einweihen**, aus nhd. ‚ein-‘ und ‚weihen‘ (ahd. ‚wihen‘), zu nhd. ‚Weihe‘ (ahd. ‚wizi‘). Die Nennleistung ist als „weih(evoll) er-clären" zu denken, darbei zu nhd. ‚wei(c)h‘ [ahd. ‚wih‘, das nicht mit nhd. ‚weich‘ (ahd. ‚weih‘, ängl. ‚weak‘) zu verwechseln ist!] als „zur Andacht an das Heil(ige) bestimmt" zu denken ist. Der heutige gemeine Sprecher schämt sich jedoch nicht, auch Autobahnen, Flugplätze oder profane Amts- und Schulgebäude „einzuweihen". Geistlose *Mitwisser* aber einerlei welch banaler Wissensgegenstände hingegen gelten ihm stets als ‚**Einge-weihte**‘. Unfug!

‚**Eltern**‘ (Mz.): siehe ‚Ältern‘

‚**entgegen**‘, aus ‚ent-‘ und ‚gegen‘; des zusammengesetzten Namens Nennleistung ist als „hin" (nicht als: „(zu)wider") zu denken. „Ich komme dir entgegen" = „Ich komme zu dir hin", nicht: dir zuwider". Der heutige gemeine Sprecher hingegen denkt gewohnheitshörig „(zu-)wider" hinzu: „Das ist allen Er-wartungen entgegen!" Wer mögen fragen, wie lange noch ‚Zu-widerhandelungen‘ zu gewärtigen seien oder ob sie nicht bald durch ‚Entgegenhandelungen‘ ersetzt werden?

‚**entlehenen**‘ (ahd. ‚intlehanon‘). Die Schreibweise ‚entlehnen‘ ist irreführen, denn der Name ist nicht mit ‚Lehne‘ verwandt, doch mit ‚Lehen‘. Eine Name wird aus einer anderen Sprachge-stalt entlehent, wenn es übernommen, jedoch der deutschen Beugungslehre angepasst wird. Diese Namen sind ‚**Lehens-namen**‘ zu nennen (statt ‚Lehnwörter‘).

‚**Eräugniss**‘, aus ‚Er-‘ ‚aug‘, ‚-niss‘, ahd. ‚irougnessi‘. Nicht ver-wandt ist dieser Name mit nhd. ‚eigenen‘, sondern mit nhd. ‚Aug(e)‘. Mittels des Namens ‚**sich eräugen(en)**‘ wird *ein vor den Augen der Sprecher Geschehendes* benannt.

‚**erbarmen**‘, ahd. ‚irbarmen‘, verwandt mit nhd. ‚barmherzig‘ (ahd. ‚barmherzi‘). Dieser letzte Name ist aus lat. ‚miseri-cors‘ lehensübersetzt, dessen Nennleistung als „Herz für die Armen" zu denken ist. Der heutige gemeine Sprecher vermeidet den Namen ‚Erbarmen‘ (‚sich erbarmen‘), der ihn selbig mit ‚Mitleid‘ dünkt; er bevorzugt diesen Namen nhd. ‚Mitleid‘ (‚mitleiden‘, ‚Mitleid haben‘ – was ungut ist, denn mittels ‚haben‘ benennen wir Anderes denn mittels des Namens ‚empfinden‘). **Erbarmen aber geschieht aus Nächstenliebe, jedoch ohne Mitleid**, was die Wenigsten bewissen, denn sie denken, „Mitleid" sei eine „christliche Tugend". Im GEISTE der LIEBE und in der WAAR-HEIT der SCHÖPFUNG aber ist Leid unmöglich – so ist *Mit-Leid mit einem nicht Leidenden* in Christo widergeistig.

‚**Ereigniss**‘, siehe ‚**Eräugniss**‘!

‚**Erfolg**‘, aus nhd. ‚er-‘, ‚folg‘. Mittels dieses Namens wird das Jenige benannt, das einem Geschehen *folgt* oder auf ihn *er*folgt. Was dies auch sei, es mag von Sprechern als „gut" oder als „ungut" bewertet werden, so, wie auch das mittels des Namens nhd. ‚Qualität‘ Benannte. Aber der gemeine Sprecher denkt zu ‚Qualität‘ so, wie zu ‚Erfolg‘, stets nur „gut" hinzu. Schlechte Qualität oder ein übeler Erfolg sind bei ihm nicht vorgesehen.

‚**erfolgreich**‘ aus nhd. ‚er-‘, ‚folg‘ und ‚reich‘. Die ursprüngliche Nennleistung ist als „reich an dem, das erfolgt" zu denken. Wie das Erfolgte aber zu *werten* sei, bleibt ungenannt. Der gemeine Sprecher aber wertet „erfolgreich" jedes Falles dümmlich als „gut".

‚**erkennen**‘, aus nhd. ‚er-‘ und ‚kennen‘, ahd. ‚irchennan‘. Der heutige gemeine Sprecher denkt, Alles, das er sehe, *erkenne* er. Dies ist ein großer Irrtum, denn er *vernimmt* es nur und *kennt* es vielleicht, wenn er es nämlich zuvor schon in dessen Erscheinung vernahm und gelernt hat. Wessen Erscheinung jemandem nicht neu ist, den *kennt* er, wenn er ihn wiederum vernimmt. Aber nach Kant (1724-1804) *vernehmen* wir das Seiende lediglich; niemales jedoch *erkennen* wir derweil das Seiende an sich. Darzu auch ‚**Erkenntniss**‘, die eine Gabe des Geistes der LIEBE ist. Wessen Unschuld geschaut wird, der wird kurz darauf erkannt, nämlich als „der eine Selbe wie der Erkennende“. Die **Erkenntniss beselbigt den Erkennenden mit dem Erkannten** und hebt die vermeintliche Getrenntheit auf, die zuvor *lieb- und erkenntnislos gesehen (nicht geschaut)* ward.

‚etwas‘, aus nhd. ‚et-‘ und ‚was‘, ahd. ‚eddeswaz‘ und ‚etewaz‘. Die anderen Fälle werden heute kaum benannt: ‚**etwer**‘ (ahd. ‚etewer‘), ‚**etwessen**‘, ‚**etwem**‘. Die Nennleistung des ‚et-‘ ist als „irgend“ zu denken. Allso ‚etwem‘ = „irgend wem“.
‚**ewig**‘, ahd. ‚ewig‘. Die ursprüngliche Nennleistung des Namens nhd. ‚ewig‘ ist „durch Ewe bestimmt“. Mittels des Namens nhd. ‚Ewe‘ (ahd. ‚ewa‘) ward und wird eigentlich „bedeutsame Zeitlosigheit, unvergängliche Seiensart“ benannt; die „EWE“ wird neuerdings durch ‚Ewigheit‘ ersetzt (was so ist, wie wenn ‚Reue‘ durch ‚Reuigheit‘ oder ‚Macht‘ durch ‚Mächtigheit‘ zu ersetzen sei), mittels deren eine „lange, lange Zeit“ gedacht und benannt wird. Die Ewe aber ist als „überhaupt keine Zeit“, doch als „bedeutsame Stille“ zu denken.

‚**fähig**‘, zu nhd. ‚fangen‘, älter: ‚fahen‘ (ahd. ‚fahon‘), darzu **Fähigheit**. Die ursprüngliche Nennleistung des Namens ‚fähig‘ ist demnach als „empfänglich, empfangen mögend“ zu denken. Zudem ‚**befähigen**‘; Namenbildungen aber wie ‚**Leistungs*fähig*heit**‘, ‚**trag*fähig***‘, ‚**widerstands*fähig***‘ enthalten ‚fähig‘, als werde darmit „-vermögen“ oder „vermögend“ genannt. Unfug!

‚**fälschlich**‘, aus nhd. ‚falsch‘ und ‚-lich‘. Der Name ‚fälschlich‘ ist das Adverb zu ‚falsch‘. Demgemäß kann ein *falsches* Zeugniss nur *fälschlich* etwas bezeugen. Der gemeine Sprecher gebraucht aber ‚fälschlich‘ zumeist *in falscher Weise*, nämlich als ‚fälschlicherweise‘. Unfug! Ab jetzt bitte nurmehr ‚**fälschlich**‘!

‚**feelen**‘ und ‚Feel‘, ‚Feeler‘: nicht verwandt mit nhd. ‚be-‘ und ‚emp-fehlen‘, sondern aus (a)frç. ‚fa(il)lir‘ (= „(ver-)feelen). Warum sollen wir zwei Geschehensnamen mit zwei verschiedenen Quellen unverschiedentlich buchstabieren? Allso ab jetzt bitte ‚**Feel**‘, ‚**feelen**‘, ‚**Feeler**‘, ‚**feelerlos**‘, ‚**verfeelen**‘ et c.

‚**fehlen**‘, ‚**Fehl**‘, ‚**Fehler**‘: siehe ‚feelen‘!

‚**fühlen**‘, mhd. ‚vuelen‘, ahd. ‚fuolen‘. Die ursprüngliche Nennleistung ist als „durch den Cörper vernehmen" zu denken. So sind Aufregung, Hitze, Kälte, Wärme, Wind usf. zu fühlen, nicht jedoch Liebe oder Verachtung. Der gemeine Sprecher, der Liebe als „Gefühl" oder als „zu fühlen" deutet, kann „sie" nicht als das eigene Wesen denken, das wir auch mittels des Namens ‚Gott‘ benennen (1. Joh 4,16). Wie mag er dann aber denken, er sei vielleicht „Christ"? Darzu: ‚**Fühler**‘, ‚**fühllos**‘, ‚**Gefühl**‘.

‚**ganz**‘, mhd., ahd. ‚ganz‘. Die Nennleistung ist als „unzertrennt, unversehrt" zu denken. Der gemeine Sprecher verwendet den Namen aber zumeist als vermeinten Steigerungsnamen vor nachfolgenden Welchheitsnamen, der jedoch nicht steigert: ‚ganz anders‘, ‚ganz besonders‘, ‚ganz toll‘ et c. Sei etwas Anderes, Besonderes, Tolles noch anderer, besonderer, toller, wenn es „ganz anders", „ganz besonders", „ganz toll" sei? Unfug! Auch Unfug ist der Gebrauch des Namens ‚ganz‘ in der Mehrzahl, um die Namen ‚all‘ und ‚gesammt‘ zu ersetzen: „Die ganzen Leute" statt „all die Leute" oder „die gesammten Leute". Ja, sind jemales „halbe Leute" gesehen worden, dass die „ganzen" betont werden müssen? Wiederum Unfug!

‚gebahren‘, zu nhd. ‚Gebährde‘; siehe ‚**Gebährde**‘!

‚**gebären**‘ (mhd. ‚gebern‘, ahd. ‚giberan‘); nicht verwandt mit nhd. ‚Bär‘, sondern mit nhd. ‚Bahre‘, ‚-bahr‘, ‚entbehren‘, ‚Gebehrde‘. Allso ab jetzt bitte ‚**gebehren**‘, ‚**gebiehrt**‘, ‚**gebahr**‘, ‚**gebähre**‘, ‚**gebohren**‘; zudem: ‚**angebohren**‘.

‚**Gebährde**‘, (mhd. ‚gebærde‘, ahd. ‚gibarida‘), zu nhd. ‚gebaren‘ (mhd. ‚gebaren‘); die Nennleistung ist als „mitteilungstragende Geste“ zu denken. Wegen der Nichtverwandtheit mit nhd. ‚Bär‘ und der Verwandtheit mit nhd. ‚Bahre‘ statt ‚Gebärde‘ besser: ‚Gebährde‘.

‚**Gebärde**‘, siehe ‚Gebährde‘!

‚**Gebuhrt**‘ (mhd. ‚geburt‘, ahd. ‚giburt‘), zu nhd. ‚gebehren‘. Wegen der Verwandtheit mit nhd. ‚behren‘, ‚bahr‘, ‚gebohren‘ allso ab jetzt bitte ‚**Gebuhrt**‘. Demgemäß ‚**Ausgebuhrt**‘, ‚**Feelgebuhrt**‘, ‚**gebührtig**‘, ‚**Missgebuhrt**‘, ‚**Nachgebuhrt**‘.

‚**geëigenet**‘, zu nhd. ‚eigen‘ und ‚Eigenheit/-schafft‘. Wessen als „Eigenschafft“ erdeutete und benannte Beschaffenheit für etwas (nicht) tauglich ist, das benennt der gemeine Sprecher vorschnell als ‚(nicht) geëigenet‘. Was einem unerkannten, lediglich vernommenen und gedeuteten Seienden *eigen* sei, das weiß er nicht; und er bemerkt sein Unwissen nicht, sondern spricht unablässig über des vernommenen, jedoch unerkannten Seienden vermeinte „Eigenheiten und -schafften“. Der Teilnahmename (alias ‚Parti-cip‘) nhd. ‚ge-ëig(e)n-et‘ folgt der oberflachen Deutung, etwas oder jemand sei wegen einer ihm vermeintlich als „eigen“ vermuteten „Eigenschafft“ (sei aber etwa „groß“ oder „hart“ eine „Eigen-schafft“? Oder dichteten andere Sprecher dies dem Benannten an?) für oder zu etwas „tauglich“. Das nhd. ‚tauglich‘ wird vom gemeinen Sprecher prüflos gewohnheitlich und fälschlich mit nhd. ‚ge-eigen-et‘ ebengesetzt und verwechselt. Allso bitte ab jetzt ‚ge**ë**igenet‘ und ‚**tauglich**‘. Siehe auch ‚**eigen**‘!

‚**Gefaar**‘, mhd. ‚gevare‘, ahd. ‚fara‘, ängl. ‚fear‘, doch nicht verwandt mit nhd. ‚fahren‘. Deswegen ab jetzt bitte ‚**Gefaar**‘,‚ ‚**gefäärden**‘, ‚**gefäärlich**‘, ‚**ungefäär**‘. Diesen Namen ‚Gefaar‘ mit ‚ah‘ zu buchstabieren, legt nahe, die Nennleistung als „mit ‚fahren‘ verwandt“ zu denken, was ein Irrtum ist. Mittels des Namens ‚Gefaar‘ auch nicht ist „das Gefahre“ zu benennen, doch „der Hinterhalt, die furchtbahre Bedrohung“.

‚**Gefahr**‘, ‚**gefährlich**‘: siehe ‚**Gefaar**‘!

‚**gehören**‘, zu nhd. ‚hören‘, ahd. ‚horen‘, nhd. Gehör‘. So mag jemand, der nicht taub ist, oder ein Hund, der auf jemanden hört oder ihm zuhört, (zu) ihm ge-hören. Wie dies jedoch ein Fahrrad, ein Haus oder Feuerzeug zu leisten vermöge, bleibt rätselhaft. Auch Verwandte sind nicht in jedem Falle „an-gehör-ig“. Allso ab jetzt bitte ‚(**an-/zu-**)**gehören**‘ nur noch für Seiende mit Gehör, das sie jemandem öffnen. Aber der heutige gemeine Sprecher denkt nicht daran. Ihm ist es einerlei, ob Besitz- oder Eigentumsstücke *Gehör* aufweisen („Wem gehört die Tasche?“, an der Frage Statt „Wessen Tasche ist diese?“) oder ob sich etwas *zieme*, wenn es sich nur (nicht) gehört. („Das gehört sich nicht!“ – „Ja, wie denn auch, ohne Gehör?“). Wer jemandem gehorcht, der mag ihm gehören; Andere und Anderes nicht. *Gehören* aber ‚Erdnüsse‘ zu den ‚Nüssen‘? Die Biologen *zählen* Erdnüsse zu den ‚Bohnen‘, aber sie *hören* dies nicht und *gehören* allso nicht.

‚**geil**‘, ahd. ‚geil‘. Die ursprüngliche Nennleistung ist als „wollüstig, üppig, gärend“ zu denken. Der heutige gemeine Sprecher hingegen – der ‚geil‘ in nahezu jedem zweiten seiner Sätze einfügt – denkt entweder, „geifernd und triefend wollüstig" sei so viel, wie „großartig", oder er lautet jugendlichen Sprechern prüflos nach, den Unfug womöglich noch erheblich steigernd: ‚affengeil', ‚megageil', ‚turbogeil' usf.! Siehe auch ‚hyper', ‚irre', ‚toll', ‚super', ‚wahnsinnig'. Unfug!

‚Gelaube', ‚gelauben', (mhd. ‚ge-louben', ahd. ‚gi-louben'), verwandt mit nhd. ‚er-lauben' und nhd. ‚ge-loben' (ahd. ‚gi-lobon'). Der ernste *Ge-laube* (das beim Übergange in die nhd. Sprachgestaltung entfallene ‚e' wird wieder eingefügt) ist nur mit Vertrauen möglich, das einem Unvernehmlichen, mithin: Geistlichem entgegengebracht wird (auch wenn Dies in als vernehmlich Gedachtem eine Entsprechung findet, wie etwa der ewige CHRISTUS im vergänglichen Cörper Jesu). Wer allso äußert, er *glaube, dass* es morgen schneien werde, der versucht, eine *Vermutung ohne Vertrauen* als „Glauben" darzubieten. Unfug! Wer äußert, er *glaube an* „das Christkind", *an* „den Osterhasen", *an* „den Weihnachtsmann" oder *an* sonstige Spukgestalten, der gelangt zu keinem *In*wendigen hinein, denn die Nennleistung des Namens ‚an' ist als etwa „an der Hüllenaußenseite eines Vernehmlichen" zu denken, nie jedoch „innen" im geistlichen Eigentlichen. Vergeblich versucht er, etwas nur auswendig Gelerntes als Nicht-Auswendiges darzustellen, aber **zu gelauben ist einzig dem Geistlichen**, mithin: dem Unvernehmlichen eines Seienden, mithin: letztlich: der unendlichen LIEBE. Allso ab jetzt bitte nur ‚Gelaube', ‚gelauben' mit Dativ ohne ‚an', ‚geläubig', ‚Geläubige', ‚ungeläubig' et c.

‚gesammt', ‚sammt', nicht verwandt mit nhd. ‚Samt', ‚samten', doch mit ‚-samm', ‚sammeln', ‚beisammen', ‚mitsammen', ‚zusammen'. Allso ab jetzt bitte **gesammt', ‚Gesammtheit',** ‚sammt', ‚sämmtlich'.

‚gesamt': siehe ‚gesammt'!

‚gewinnen', aus nhd. ‚ge-' und ‚winnen'. Was gewonnen wird, das mag der Gewinner nachweisen, etwa Erfahrung, Freunde, Geld et c. Aber wenn jemand oder ein Verein lediglich im Spiele *siegt*, dann ist die Frage, ob und was darmit gewonnen sei. Jedes Falles ward nicht *das Spiel* gewonnen, denn dann müsste er es mit heimnehmen können. Trotzdem ist immer wieder in den Nachrichten, in der Zeitung und im Alltagsgerede zu hören und zu lesen, der Fußballverein 2. FC Tumbenhusen habe in einem Freundschafftsspiel gegen Eintracht Eseldorf **gewonnen** – nicht jedoch *gesiegt*.

‚Glaube', ‚glauben': siehe ‚**Gelaube**'!

‚gleich' (mhd. ‚ge-lich', ahd. ‚gi-lih'), verwandt mit nhd. ‚Leiche' (mhd. ‚-lich', ahd. ‚lih') und der Nachsilbe nhd. ‚-lich' (mhd. ‚-lich', ahd. ‚-lih'). Die Nennleistung des Namens ‚Leiche' war ursprünglich etwa „Cörpergestalt" (nicht jedoch „toter Cörper"), sodass mittels der Nachsilbe ‚-lich' kaum Anderes benannt ward oder zu benennen ist (‚mensch-lich' = „dem Menschen geleich"). Allso bitte ab jetzt nurmehr ‚**geleich**', ‚**Geleich-schaltung**', ‚**unvergeleichlich**', ‚**vergeleichen**' usf.

‚Glück', ‚glücken' (mhd. ‚g[e]lücke, andfrk. ‚gi-lukki'); die Herkunft dieses Namens ist leider ungewiss. Das ausgefalle ‚e' setzen wir jedoch wieder ein. Allso ab jetzt bitte ‚**Gelück**', ‚**gelücken**', ‚**gelücklich**', ‚**missgelücken**', ‚**Ungelück**', ‚**ver-ungelücken**' et c.

‚gültig', aus mhd. ‚gültic', zu mhd. ‚gülte' (= „Geldschuld, Preis, Zins"). Weil des Welchheitsnamens nhd. ‚gültig' Nennleistung aber der Gestaltetheit nach „durch Gult/Gülte bestimmt" seien müsste (welche Namen nicht oder seltenst verwendet werden)

und zudem dem stark gebeugten Namen nhd. ‚gelten' (‚gilt',
‚galt', ‚gälte', ‚[ge-]golten') abgeleitet ward (so, wie auch nhd.
‚Geld'), schlagen wir vor, ihn mit ‚i' statt mit ‚ü' zu schreiben:
‚giltig'. Auch ‚**endgiltig**', et c.

‚haben', (ahd. ‚haben'); verwandt mit nhd. ‚heben' (ahd.
‚heven', ‚heffen'). Was jemand gefunden, ergriffen und gehoben
hat, das mag er mitnehmen und als „sein" erachten. So ward
und wird zu ‚haben' (und dem Hauptnamen nhd. ‚Habe') oft
„eigenen; besitzen" hinzugedacht (und „Eigentum; Besitz"). Als
widerdächtig sind Namenfolgen wie ‚verloren haben' zu erachten; der Gebrauch der Gestalten der vollendeten Gegenwart
sollten darhingehend untersucht werden. Man mag nur das
Jenige *haben*, das nicht verloren, aufgelöst, zerstört usf. ward.
Auch mag nur jemand etwas *haben*, der seinerseits noch *ist*. Als
widerdächtig, ja: unmöglich ist zu erachten, dass Gestorbene
noch etwas *haben* könnten. So sind Sätze wie beispellsweise:
„Die Wikinger haben Amerika entdeckt" undurchdachter Unfug! „Die Wikinger entdeckten ein Land, das sie ‚Vinland' (=
„Weinland") nannten" – welches später Ameri*g*a (sic!) genannt
ward (nämlich nach dem Seefahrer Amerigo Vespucci).

‚halt', (ahd. ‚halt'); unverwandt mit nhd. ‚halten', Leider un-
clarer Herkunft.

‚hämtückisch', jedoch nicht zu nhd. ‚heim', doch zu ‚Häme'
und ‚Tücke'. Allso ab jetzt bitte **‚hämtückisch'**.

‚hangen', ahd. ‚hangen'. Zu scheiden sind die Gestalten nhd.
‚hängen', ‚hängte', ‚gehängt' (Veranlassungsname) und nhd.
‚hangen', ‚hängt', ‚hing', ‚hinge', ‚gehangen' (Folgegeschehens-
name). Auch in Verbindungen wie ‚**abhangen**' (‚Abhang'), ‚**an-
(einander)hangen**', ‚**zusammenhangen**'.

‚heißen‘, ahd. ‚heizzan‘. Die ursprüngliche Nennleistung ist als „auffordern, bewegen" zu denken. Darzu auch ‚**Geheiß**‘, ‚**verheißen**‘. Der heutige gemeine Sprecher hingegen denkt prüflos gewohnheitlich, er müsse zu ‚heißen‘ „des Namens seien, einen Namen tragen" hinzudenken: ‚Ich heiße Stupido!"

‚**heilig**‘: Die Nennleistung ist als „durch Geistes Heil bestimmt" zu denken. Der geistverleugenensbestrebte Sprecher aber nennt jeden Heidentempel ‚heilig‘, wenn Vertreter nicht-christlicher Religionen dies so fordern und nennen, doch nicht das christlich-geistliche Heil.

‚**heimtückisch**‘: siehe ‚**hämtückisch**‘!

‚**her**‘, ahd. ‚hera‘, verwandt mit nhd. ‚hie(r)‘. Vorsilbe vieler Zusammensetzungen wie ‚herab‘, ‚heran‘, ‚herauf‘, ‚heraus‘ et c. Heute zumeist um die Buchstaben ‚he‘ verkürzt: ‚ran‘, ‚rauf‘, ‚raus‘, ‚rein‘ usf. Die ursprüngliche Nennleistung ist als „ab dort zu hier" zu denken, was dem gemeinen Sprecher zunehmend einerlei wird. Siehe ‚**hin**‘!

‚**herrschen**‘, zu nhd. ‚Herr‘ *gedacht*, jedoch dem Welchheitsnamenl (alias ‚Adiectiv‘) nhd. ‚hehr‘ so abgeleitet (ahd. ‚her‘), wie auch nhd. ‚Herr‘ (zu ahd. ‚heriro‘, = „älter, ehrwürdiger"). Jedes Falles können nach all Dem weibliche Menschen nicht eigentlich *herr*schen. Noch weniger aber Aufregung, Eile, Frost, Durst, Unruhe oder sonst etwas Unmenschliches.

‚**hin**‘, verwandt mit nhd. ‚hie(r)‘. Die ursprüngliche Nennleistung ist als „ab hier zu dort" zu denken. Vorsilbe zahlreicher Zusammensetzungen wie ‚hinab‘, ‚hinan‘, ‚hinauf‘, ‚hinaus‘, ‚hinein‘, ‚hinfort‘, ‚hinum‘, ‚hinunter‘ et c. Heute zumeist um die Silbe ‚hin‘ verkürzt, die in kaum nachzuvollziehender Weise durch ‚r‘ ersetzt wird: ‚ran‘, ‚rauf‘, ‚raus‘, ‚rein‘, ‚rum‘ usf. Der clare Schied zwischen ‚hin‘ und ‚her‘ schwindet auf der Ebene des gemeinen Sprechers zunehmend. Siehe ‚**her**‘!

‚**hinum**‘ aus nhd. ‚hin‘ und ‚um‘. Wenn jemand zu etwas *hin*-gehend um etwas geht, dsann geht er nicht „*her*-um" (das es der gemeine Sprecher leider doch bekundet), doch **hin**-um.

‚**hoffen**‘ (mhd. ‚hoffen‘). Der gemeine Sprecher deutet die Nennleistung dieses Namens als „wünschen", doch ist sie „guter Gewissheit seien". „Nun aber bleiben Gelaube, Hoffenung, Liebe - diese drei" (1. Kor 13,13). Paulus meinte mit Hoffenung (hell. ‚elpís‘) gewiss kein „gewissheitsloses, banges Wünschen".

‚**ich**‘/‚**Ich**‘, ahd. ‚ih‘, verwandt mit lat. ‚ego‘ und hell. ‚egóh‘. Besonders in den psychoanalytischen Schriften (Sigmund Freud) wurde ‚ich‘ substantiviert: ‚(das) Ich‘. Hierzu ward auch der Name nhd. ‚**Ichsucht**‘ (als Ersatz für ‚Egoismus‘) gesellt, mittels dessen die Siechheit benannt ward, den niederen Regungen und Trieben des Iches zu verfallen. Das „Ich" des Menschen ist ein Gebilde, das „dem Ego" folgt, mithin: dem unbemerkten Trennungsgedanken einer in vermeintliche Einzelleben zertrennten Schöpfung ohne Liebe, ohne ewiges Leben und ohne Einsheit mit Allem. Der Mensch aber huldigt wahllos dem Iche als „seinem Schatze", obwohl es ihn im Tode lässt, weil es den Christus (= „das Leben"; Joh 11,25; 14,6) ausschließt. Das Ich ist der Hort des Welttraumes und somit der *Schuld*, welche dessen Eckstein ist, bis der Traum erlischt oder niedergelegt, mithin: *vergeben* wird. All Dies (be-)weiß der gemeine Sprecher nicht, träumt oder wähnt jedoch, es „besser" zu wissen. Demgemäß ist seine Sprache: gottlos, geistvermeidend, ichsüchtig.

‚**infrage**‘, aus nhd. ‚in‘ und ‚Frage‘. Wir denken, wir stellten etwas ‚in (eine) Frage‘, jedoch wird neuerdings auch von Sprachwissenschafftern empfohlen, diese adverbielle Namenfolge aneinander und klein zu buchstabieren: ‚infrage‘. Zweifellos aber ist dies ‚infrage‘ aus nhd. ‚in‘ und ‚Frage‘ *zusammengesetzt*. Wieso aber so mittelhochdeutsch dünkend? Dann wäre ‚infrage‘ ähnlich zu denken, wie zu ‚inordenung‘ statt: „in Ordenung“ oder oder ‚inrichtung‘ statt: „in Richtung“. Aber welchen Gewinn bringt „infrage“ gegenüber *‚in Frage‘*?

‚**inwiefern**‘, aus nhd. ‚in‘, ‚wie‘, ‚fern‘. Der zusammengsetzte Fragename ‚inwiefern‘ wird verwendet, um Einzelheiten zu erfragen. Beispellsweise: „Die Musik gefällt mir nicht.“ – „Inwiefern (nicht)?“ – „Die Blechbläser sind mir zu laut.“ Der gemeine Sprecher aber fragt in solchem Falle „War-um (nicht)?“, was Quatsch ist, weil niemandem etwas aus Absicht („um zu ...“) missfällt. Siehe auch ‚**warum**‘!

‚**irgend**‘, ahd. ‚io wergin‘ [= „irgend (wo)“]. Als eigener Name sollte nhd. ‚irgend‘ auch eigenständig geschrieben werden; die Zusammenziehungen wie ‚irgendwann‘ ‚irgendwie‘ et c. sind gewinnlos, widerdächtig und so falsch, wie ‚derselbe‘, ‚diegleiche‘ et c. Darzu auch ‚**irgend ein**‘, ‚**irgend jemand**‘, ‚**irgend wann**‘ ‚**irgend was**‘, ‚**irgend wer**‘ ‚**irgend wem**‘ ‚**irgend wessen**‘, ‚**irgend wie**‘, ‚**irgend wo(hin)**‘ et c.

‚**irre**‘, ahd. ‚irri‘ (= „verirrt“), verwandt mit lat. ‚errare‘ (= „[sich] irren“). Der heutige prüflose Sprecher gebraucht den Namen allerdings so, als sei die Nennleistung „besonders (gut)“. Vielleicht irren diese Sprecher, weil ihr Verstand durch so viel in der Werbung angeblich Gutes irregeleitet ward und wird?

‚**jagen**‘, aus ahd. ‚jagon‘. Die überlieferte Nennleistung ist seit je her: „Beutetiere verfolgen und fangen oder töten“. Wie kann dann aber als Schlagzeile in einer Zeitung zu lesen seien: „Die Polizei *jagt* Frauenmörder“, derweil die Polizisten unbeweglich in der Wache sitzen, weil sie den Mörder noch nicht kennen?

‚-keit', welches selbig mit ‚-heit' ist (zu nhd ‚heiter'). Erst der Auslautfeeler, die Endsilbe ‚-ig' wie ‚-ich' zu lauten, brachte die Gestalt ‚-keit' mit sich: „Lustichkeit" statt ‚Lustig-heit'. Allso ab jetzt bitte nur ‚-**heit**': „Lustig-heit" et c.

‚**kosten**': siehe ‚costen' (S. 84, S. 98)!

‚**können**' (+ zusätzliches Verb), verwandt mit nhd. ‚kennen', welches als Causativum zu ‚können' gilt. Nur jemand, der den Weg *kennt, kann* ihn uns zeigen. Heute aber fragen jugendliche Sprecher: „Äi, kannste ma' Musik?" Oder als Hauptschlagzeile einer Zeitung ist zu lesen: „Wir können Kanzler" (Bild-Zeitung). Können die Sprecher solcher Verdummungsphrasen *denken*?

‚**kriegen**', verwandt mit nhd. ‚Krieg'. Die erste Nennleistung des Geschehensnamens ‚kriegen' ist als „Krieg führen" zu denken. Als zweite, daran anschließende Nennleistung: ist „durch den Krieg etwas bekommen, erbeuten, gewinnen" zu denken. Aber der heutige gemeine Sprecher schämt sich nicht, ‚kriegen' zu verwenden, auch wenn kein Krieg gemeint ist, sondern lediglich ein „bekommen, gewinnen (ohne zu siegen)". „Kriege ich (k)einen Kuss?" O welch kühner Krieger er doch ist!

‚**landen**', ahd. ‚lenten', zu nhd. ‚Land'. Die ursprüngliche Nennleistung des Geschehensnamens ‚landen' ist als „aus der See oder der Luft an oder auf das Land gelangen" zu denken. In der Sprächelei des heutigen gemeinen Sprechers „landet" auch Müll im Abfalleimer oder die Acten in der Schublade oder ein Verletzter im Krankenhause et c.

‚**lauten**', ahd. ‚(h)luten'. Nennleistung: „Laute ausstoßen; laut aussprechen". Laute mit Nennleistung sind Namen. Wer nur lautet, der weder benennt noch wortet. Kein Ergebniss, keine Nummer „lautet", doch nur Sprecher! Darzu: ‚**Laut**', ‚**Lautung**'

‚leben‘, ‚**Leben**‘ (mhd. ‚leben‘, ahd. ‚leben‘, verwandt mit nhd. ‚bleiben‘ (mhd. ‚beliben‘, ahd. ‚biliban‘). Welches sei die Nennleistung des Geschehensnamens? Nach geistloser, heidnischer Deutung „in einem belebten Cörper auf der Erde seien". Dies aber ist die Nennleistung der Namen ‚(irdisches) Darseien‘. Nach geistgeläubiger Deutung (siehe ‚glauben‘!) ist „LEBEN" geistlich, mithin: nicht an den oder einen Cörper oder an die Erde oder „Materie" gebunden. Der CHRISTUS wiest das eine, ewige, heil(ig)e, selige, unschuldige LEBEN (Joh 11,25; 14,6). Der behauptnämigte (alias ‚substantivierte‘) Geschehensname ‚(das) Leben‘ ist als „der CHRISTUS" zu denken (Joh 11,25; 14,6).

‚**lebendig**‘: siehe ‚**leb(end)ig**‘!

‚**Lebenserwartung**‘, aus nhd. ‚Leben‘ ‚er‘, ‚wart‘, ‚-ung‘. Das mittels dieses Namens Benannte ist heidnisch gedacht, nämlich die Erwartung oder Vorrechenung, für eine noch zu messende Dauer in einem fühligen Cörper auf Erden zu weilen. Für spirituelle Christen ist Dies unsinnig oder widerdächtig, denn sie denken das LEBEN als „CHRSTUS" und somit als „ewig". Der gemeine Spreche aber ist grundsätzlich heidnischen Denkens und stets dann bodenlos bestürzt, wenn jemand deutlich früher denn von ihm für ihn berechenet stirbt.

‚**Lebensformen**‘, aus nhd. ‚Leben‘, ‚Form‘ (lat. ‚forma‘). Diese Gestalten (alias ‚Formen‘) werden oft mit „dem LEBEN" verwechselt und als „eben, geleich" erachtet. Nie jedoch entsteht „neues Leben" (wie doch besonders im Lenze so oft von heidnischen Sprechern behauptet), sondern stets nur „neue Lebens-*formen*". Das eine selbe heil(ig)e LEBEN bleibt ewig das Selbe, ohne dass Neues hinzukäme.

‚**leb(end)ig**‘, aus nhd. ‚leben‘, nhd. ‚-end‘, nhd. ‚-ig‘. Dem Geschehensnamen ‚leben‘ warden unbedachterweise zwei Nach-

58

silben angesetzt, die schlecht zueinander passen; das Ergebniss ist so, wie etwa „aufregendig", „hervorragendig", „hochtrabendig", „wissendig", „wütendig" et c. Wer mag solche Fügungen wollen? Es genüge ‚lebend' oder aber ‚lebig'.

‚**lebig**', aus mhd. ‚lebic'. Die Nennleistung ist als „durch Leben bestimmt" zu denken. Auch in ‚**langlebig**' usf.

‚**letztendlich**', aus nhd. ‚letzt', ‚end', ‚-lich'. Der gemeine heutige Sprecher bedenkt die Frage nicht, ob er oder überhaupt ein Sprecher *das letzte End eines Seienden* wissen könne? Aber er verwendet leichtsinnig und gewohnheitlich den Namen ‚letztendlich'. Siehe auch ‚**im Endeffect**'!

‚**-lich**', mhd. ‚-lich', ahd. ‚-lih', ängl. ‚ly', verwandt mit nhd. ‚g(e)leich', Leiche'. Zu nhd. ‚Leiche' ist zunächst nur „Gestalt, Cörper" hinzuzudenken, nicht „Tote". So ist auch als Nennleistung der Nachsilbe ‚-lich' lediglich „dergestalt" hinzuzudenken. Demnach etwa zu ‚gedank-lich' „dem Gedanken geleich", oder zu ‚mensch-lich' „dem Menschen geleich". Wie mag aber ein Buchname wie ‚Über die Verschiedenheit des menschlichen Sprachbaues' (Wilhelm von Humboldt) als „angemessen" erachtet werden? So wird versucht, den zweiten Fall eines Hauptnamens (alias den ‚Genitiv eines Substantivs') durch einen Welchheitsnamen (alias ‚Adiectiv') zu ersetzen. Unfug!

‚**lieben**', ahd. ‚liuben', verwandt mit nhd. ‚erlauben', ‚gelauben' und ‚loben'. Die Nennleistung dieses Namens ‚lieben' ist als „seliglich EINS seien (mit dem oder den Mitliebenden und Geliebten)" zu denken, nicht jedoch als „begehren, gern haben, wertschätzen", wie doch von Geistvermeidungsbestrebten unablässig vorgebracht. Was sei „die Liebe"? „GOTT ist die LIEBE (= „das selige EINSSEIEN"), und wer in der LIEBE bleibt, der bleibt in GOTT, und Gott in ihm." (1. Joh 4,16).

‚**lupenrein**‘, aus nhd. ‚Lupe‘ (Mz.) und ‚rein‘. Gemeint ist eine Reinheit, die auch durch den prüfenden Blick durch Lupen hindurch bestetigt wird. So mag ein geprüfter Diamant als „lupenrein“, mithin: als oder für „echt“ befunden werden. Wie aber ein leichtfährtiger Sprecher einen egomanischen Politdictator als „lupenreinen Dämokraten“ benennen mag oder mochte, bleibt rätselhaft.

‚**man**‘, ahd. ‚man‘. Aus ahd. ‚man‘ ward neben nhd. ‚man‘ auch nhd. ‚Mann‘. Die ursprüngliche Nennleistung des unbestimmten Fürnamens ‚man‘ ist als „irgend ein Mann oder Mensch“ zu denken, was auch in nhd. ‚je-man-d‘ und ‚nie-man-d‘ enthalten ist. Besondere Beachtung verdienen die Gedanken Martin Heideggers, die er zu dem Gebrauche des Namens ‚man‘ offenbahrt („Sein und Zeit“, 16. Auflage, Tübingen 1986). Er erhebt das mittels des Namens ‚man‘ Benannte zu einer Deutungsquelle des Seiens („Die alltägliche Darseinsausgelegtheit durch das man“). Was der gemeine Sprecher in dessen ungeprüfter Geistumgehungssprache benennt und betreffs das Seien denkt, ist so oberflach und geistlos, dass es oder dessen Grund ihm nur *ererbt* worden seien mag, ohne besondere Besinnung, Hinzulernung oder Vertiefung respective Erhöhung.

‚**meinen**‘, ahd. ‚meinen‘, ängl. ‚(to) mean‘. Die Nennleistung ist als „zu sagen beabsichtigen“ zu denken („Was meint ihr darmit?“ oder ängl. "What do you mean?"). Der gemeine Sprecher denkt hingegen fälschlich, ‚meinen‘ sei auch als Name für „beurteilen“ zu gebrauchen („Was meinst du darzu?“) – Unfug! Darzu auch ‚**Meinung**‘, ‚**vermeinen**‘, ‚**vermeintlich**‘.

‚**merken**‘, ahd. ‚merken‘, verwandt mit nhd. ‚Marke‘. So ist die ursprüngliche Nennleistung als „mit einer Marke, einem Merkmal, kenntlich machen“ zu denken. Vorsilbenbildungen darzu: ‚**anmerken**‘, ‚**aufmerken**‘, ‚**bemerken**‘, ‚**vermerken**‘ et c.

‚Miss(e)tat‘, aus nhd. ‚miss-‘ und ‚Tat‘. Dieser Name gilt dem heutigen gemeinen Sprecher als „altmodisch", weswegen er ihn belächelt, meidet und durch ‚Sünde‘ ersetzt. So denkt er dann, dar geschähen zahllos viele Sünden, obwohl dar nur *eine* ist: nämlich „die Getrennheit ab Gott"; darher ist der Sünde Sold „der Tod" (Röm 6,23), nicht aber „das Sterben". **Diese eine Sünde ist aller Missstaten Grund**, die nicht „die Sünden", sondern deren Folgen sind. *Unterscheidung im Wichtigen ist des gemeinen Sprechers Anliegen nicht.* Siehe auch ‚**Sünde**‘!

‚mithilfe‘, aus nhd. ‚mit‘ und ‚Hilfe‘. Auch hier wird neuerdings so, wie bei ‚infrage‘ *begründungslos* empfohlen, es sei klein und aneinanderzuschreiben. Gewiss ist auch die Zusammensetzung nhd. ‚**Mithilfe**‘, auf die etwa jemand angewiesen ist. Aber sind Namenfolgen wie etwa „Die Polizei fing den gesuchten Verdächtigen *mithilfe* der Nachbarn" keine Stolpersteine beim Lesen? „Mit der Hilfe der Nachbarn" ist einleuchtend; die andere Version nicht. Demnächst kommt noch jemand auf den Gedanken zu fordern, man solle statt „das Gerät in Betrieb nehmen" besser „das Gerät *inbetrieb* nehmen" buchstabieren.

‚nachdem‘ aus nhd. ‚nach‘ und ‚dem‘. Das mittels des zusammengezogenen Namens ist eigentlich so zu denken: „Nach Dem: es regenete, gingen wir auf die Straße". Der gemeine Sprecher denkt jedoch, dass ‚nachdem‘ unbedingt die Zeitform namens ‚vollendete Verginge‘ (alias ‚Plusquamperfect‘) nach sich ziehe (vielleicht auch, weil er die Gestalten der Verginge zumeist nicht anwendet, weil er sie nicht für den eigenen Gebrauch erschlossen hat), und setzt: „Nachdem es geregenet hatte, bin ich auf die Straße gegangen." Doppelt falsch! Von der vollendeten Verginge in die Gegenwart zu springen, ist ja derzeit große Mode unter den Denkvermeidern. Siehe auch ‚**Beispell 6**: S. 129‘!

,**nachlauten**‘, aus nhd. ,nach‘, ,laut‘, ,-en‘. Mittels des Namens ,Nachlautung‘ wird – neben der Lautung nach einer gehörten Lautung – auch *die Hauptlernweise* eines sprechen Lernenden benannt: er hört einen anderen Sprecher Laute äußern und ahmt sie nach. Er lernt derweil des Hörens, wie die gehörten Namen zu lauten, mithin: auszusprechen seien, nicht jedoch, was zu den Lauten hinzuzudenken sei.

,**Name**‘, ahd. ,namo‘, verwandt mit nhd. ,nennen‘, ahd. ,nemnen‘. Die ahd. Namensgestalt des Geschehensnamens belegt die Verwandtheit mit ,Name‘, dessen Nennleistung ist demnach als „Nennmittel“ zu denken. Mittels eines Namens wird ein Seiendes benannt. Aber der Name ist noch Wort; obwohl der gemeine Sprecher in seinem undurchdachten Auswendigtum des Lernens und Denkens dies immer denkt (sogar noch nach dem Studium!). Erst muss zu dem Namen etwas hinzugedacht, hinzugebildet, hinzuempfunden, hinzugewertet werden, doch ist der *Name* allein nur so, wie ein nichtssagender Aufkleber am Benannten. Das echte, authentische *Wort* aber ist allein das Denkwerk des Hauptes des in das Benannte hineindenkenden, abbildenden, empfindenden, wertenden Sprechers. Siehe auch ,**Nennleistung**‘!

,**nennen**‘, siehe ,**Name**‘!

,**Nennleistung**‘, aus nhd. ,nenn(en)‘, ,leist‘ und ,-ung‘. Die Nennleistung eines Namens ist als das Jenige zu denken, das mittels eines Namens benannt wird. Dies ist zumeist keine Bedeutung und auch ohne Bedeutung, wenn es nämlich unbedeutsamm ist. Siehe auch ,**Zu a) „Nennleistungen der Namen**‘, S. 39ff!

,**-niss**‘ (mhd. ,-nüsse‘, ahd. ,nissa‘/,nissi‘). Der 2. und 3. Fall Ez. und alle Fälle in der Mz. werden nhd. mit doppeltem ,s‘ buchstabiert, nur der 1. Fall Ez. nicht. Warum? Das wäre ja so, als wenn wir das ‚Fass‘ mit nur einem ‚s‘ schrieben, jedoch des ‚Fasses‘ usf. zwiefaches ‚s‘ beibehielten. Bockschuss der Falschschreibereformschützen wie Duden? Allso bitte ab jetzt ‚**Begräbniss**‘, ‚**Geleichniss**‘, ‚**Schwerniss**‘, ‚**Verhältniss**‘, ‚**Wildniss**‘, ‚**Zerwürfniss**‘ usf.

‚**notwendig**‘, aus nhd. ‚Not‘, wend‘ und ‚-ig‘. Nennleistung: „durch Notwende bestimmt“. Notwendig‘ ist allein das Jenige zu benennen, das die oder eine Not abwendet. Unguter Brauch ist, etwas, das für einen Zweck lediglich *erforderlich* ist, als „notwendig“ darzustellen, obwohl weder *Not* noch deren Abwendung besprochen werden.

‚**opfern**‘, ahd. ‚opfaron‘, ängl. ‚(to) offer‘ (!), aus lat. ‚obferre‘ (= „entgegentragen“) und ‚operari‘ (= „werken“), nämlich das dem Altar Entgegentragen des angebotenen Darzureichenden und dessen rituelle Tötung. Diese Handelung ist heidnischer Gesinnung (dass nämlich das blutige Schicksal das Werk blutdürstiger „Götter“ sei, die durch „freiwillige“ Blutgaben besänftigt werden müssten). Diese Gesinnung ist derartig tief sitzend, dass sie auch in christliche Zusammenkünfte hineinragte. Allerdings ist der VATER CHRISTI nicht blutdürstig und das in der Kirche Christi erbrachte „Opfer“ ist geradezu lächerlich, weil von dem Ewigen hervorgebracht, dem es angeboten wird. Darzu nhd. ‚**Opfer**‘. Dem heutigen gemeinen Sprecher gilt jeder Geschädigte als „Opfer“ und jeder Gestorbene gar als „**Todesopfer**“. Dem inexistenten Götzen des Todes werden Menschencörper geopfert, mithin: anbietend entgegengebracht? Für denkende Christen ist solche Sprachgestaltung unfasslich, aber so ist die geistlose Denke der Heidenkinder.

‚**praedigen**‘ ahd. ‚predigon‘, aus lat. ‚prae‘ (= „vor“), ‚dicare‘ (= „sagen“). Der Praedigende verkündet öffentlich, mithin: *vor* allen ihm lauschenden Menschen; auch vielleicht Ungeistliches. Darzu auch ‚**Praedict**‘.

‚**predigen**‘, ‚**Predigt**‘ siehe ‚**praedigen**‘!‘

‚**quatschen**‘, geräuschnachahmend: es quatscht (oder bringt ein Geräusch hervor, das ähnllich wie „Quatsch“ klingt), wenn jemand durch Morast stapft. Demgemäß nichtig ist das Gequassel und Gematsche, das mittels des Namens ‚Quatsch‘ benannt wird.

‚**ʼraus**‘ aus nhd. ‚heraus‘. Ungute Verkrüppelung des Namens ‚her-aus‘, oft auch Ersatz für ‚hin-aus‘. Siehe auch ‚**hinaus**‘ und ‚**ʼrein**‘!

‚**regelrecht**‘, aus nhd. ‚regel‘ und ‚recht‘. Der gemeine Sprecher verwendet den Namen ‚regelrecht‘ als Ersatz für „geradezu“: „Er wurde von den Islamisten regelrecht hingerichtet“ statt „er ward von Islamisten ermordet“. Welche Regel des Hinrichtens liegen oder lagen den Islamisten denn vor, dass sie ihrer gemäß oder gerecht handelten? Unfug!

‚**Regenbogenfamilie**‘, aus nhd. ‚Regen‘, ‚Bogen‘ und ‚Familie‘. Gemeint ist aber eine Sippe, deren Cörper durch mehrere Hautfarben auffallen. Dies liegt darin begründet, dass entweder eine Mutter mehrere Männer verschiedener Hautfarbe als Zeuger ihrer Kinder dienen ließ oder aber dass von den Ältern (siehe S. 35) viele Kinder unterschiedlicher Hautfarbe adoptiert warden.

‚**rein**‘ (ahd. ‚reini‘). Die ursprüngliche Nennleistung ist als „gesäubert, gesiebt“ zu denken. Der gemeine Sprecher verwendet den Namen jedoch oft in Namenfolgen, deren Benanntes fern jeder Reinheit liegt. Beispellsweise: ‚rein theohretisch‘ statt „nur theohretisch“, oder ‚rein subiectiv‘ statt „nur subiectiv“.

‚'rein‘ aus nhd. ‚her‘ und ‚ein‘. Auch als falsches Kürzel für „hinein". „Da(r) gehen wir ‚rein": Unmöglich! „Dar*hin*ein gehen wir", denn wir gehen immer nur „hin"; nie jedoch „her" (andere kommen zu uns her)! Dies ist die Folge schamlos betriebener Grammatikverkrüppelung im Zuge der Leichtsprech-Bewegung.

‚**richten**‘, ahd. ‚rihten‘, verwandt mit nhd. ‚recht‘ und ‚richtig‘. Die ursprüngliche Nennleistung ist als „recht zu werden bewegen" zu denken. Darzu auch folgende Vorsilbenbildungen: ‚**aufrichten**‘, ‚**bericht(ig)en**‘, ‚**errichten**‘, ‚**herrichten**‘, ‚**Gericht**‘. Der Geschehensname nhd. ‚**hinrichten**‘ hingegen fällt aus der Richtung, denn in dem darmit benannten Geschehen wird nicht (auf-)gerichtet, sondern *gemordet*. **Der Henker ist kein (Auf-)Richter, sondern ein Mörder** (und sei er dies im Auftrage staatstragender, ihm vorgesetzter Menschen.

‚**richtig**‘, ahd. ‚rihtig‘, verwandt mit ‚recht‘ und ‚richten‘. „Das Richtige" ist als „das Rechte" zu denken; „das, was gerecht ist". Der heutige gemeine Sprecher missbraucht den Namen ‚richtig‘ aber als Verstärkungsnamen nachfolgender Namen: „Das war richtig gut!", oder „richtig schön!" et c. Aber auch „richtig blöd!" Nanu? Wenn etwas „richtig" ist, dann kann es ja „nicht falsch" seien, oder? Doch! Und zwar kann es beim gemeinen Sprecher sogar „*richtig falsch*" seien! Und „richtig gut" sind ihm jene Witze, die „richtig böse" sind.

‚**riechen**‘, ahd. ‚riohhan‘. Die Nennleistung ist als „durch die Nase vernehmen" zu denken, nicht jedoch als „Angenehmes zu riechen geben" (= ‚duften‘) oder als „Ungenehmes zu riechen geben" (‚stinken‘). Aber dem gemeinen Sprecher ist solche Scheidung einerlei.

‚'**runter**‘ siehe ‚**herunter**‘, ‚**hinunter**‘!

‚**sagen**‘, ahd. ‚sagen, verwandt mit ‚sehen (lassen)‘. Unter heutigen gemeinen Sprechern wird ‚sagen‘ oft mit ‚sprechen‘ oder ‚reden‘ verwechselt. Aber wenn ein Sprecher, der etwas *sagt*, etwas sehen lässt, dann im inneren Auge des Hörers. Deckt sich dies mit dem vom Sprecher Benannten, dann sagte dieser jenem etwas. Deckt es sich nicht, dann sprach der Sprecher lediglich etwas, das dem Hörer nichts oder Anderes sagte. So mag denn auch Schweigen vielsagend seien, hingegen Geschwafel nichtssagend. So ist denn zu den Namen ‚äußern‘, ‚bekunden‘, ‚erzählen‘, ‚faseln‘, ‚klönen‘, ‚labern‘, ‚palavern‘, ‚ratschen‘, ‚reden‘, ‚schwätzen‘, ‚sprechen‘ jeweils Verschiedenes hinzuzudenken. Siehe auch ‚**aussagen**‘!

‚**-sälig**‘, aber zu ‚-sal‘ gebildet (wie in ‚müh-selig‘ zu ‚Mühsal‘. Ja, sei denn ernstlich zu erwarten, jemand werde in seiner Mühsal etwa ‚(müh-)selig‘? Hingegen cursiert neben der Nachsilbe ein Name selber Buchstabierung, mittels dessen tatsächlich „selig" benannt wird. Und dann kommt kein Sprachwissenschaffter auf den Gedanken, die dem ‚-sal‘ abgeleitete Nachsilbe mit ‚ä‘ zu buchstabieren?   Also bitte ab jetzt ‚**mühsälig**‘. Demgemäß ‚**armsälig**‘, ‚**drangsälig**‘, ‚**feindsälig**‘, ‚**saumsälig**‘, ‚**schicksälig**‘, ‚**trübsälig**‘ usf.

‚**-sam**‘ zu ‚sammeln‘, ‚zusammen‘, nicht jedoch zu ‚Same‘. Allso bitte ab jetzt ‚**-samm**‘.

‚**sammt**‘, ‚**sämmtlich**‘, zu ‚sammeln‘, ‚-sam‘, ‚bei-/mit-/zusammen‘, nicht jedoch zu ‚Samt‘, ‚samten‘. Allso bitte ab jetzt ‚**gesammt**‘, ‚**sammt**‘, ‚**sämmtlich**‘.

‚**samt**‘: siehe ‚**gesammt**‘, ‚**sammt**‘!

‚**-schafft**‘, aber nicht so, wie doch der ‚Schaft‘ (der zu ‚schaben‘ gebildet ward/wird), sondern zu ‚schaffen‘. Allso bitte ab jetzt nur ‚-schafft‘. Demgemäß auch ‚Bot-‘/‚Burschen-‘/‚Graf-‘/ ‚Leiden-,/‚Machen-‘/‚Wissenschafft‘ und ‚Botschaffter‘, ‚Wissenschaffter‘, ‚wissenschafftlich‘ usf.

‚schaffteln‘, steht so zu nhd. ‚schaffen‘, wie nhd. ‚dächteln‘ zu ‚denken oder wie nhd. ‚sprächeln‘ zu ‚sprechen‘. Der mittels des Namens ‚Schaffeler‘ Benannter ist als „Pfuscher“ zu denken. Deswegen ist ‚**Wissenschaf(f)tler**‘ eine Herabsetzung für jeden ernsthaften **Wissenschaffter.**

‚**sehr**‘, ahd. ‚sero‘, verwandt mit nhd. ‚ver-sehr’en‘. Der gemeine heutige Sprecher hört diese Verwandtheit nicht, sodass er denkt, ‚sehr‘ sei ein Verstärkungsname. So mag ein Verletzter zwar ‚sehr wund‘ seien, nicht aber eine Speise „sehr gesund“. Als Steigerung ersetze ‚sehr‘ durch ‚besonders‘, ‚ungemein‘ et c.

‚**selbst**‘, aus ahd. ‚selb‘, dem Genitiv-‚s‘ und einem nachträglich angedichteten, jedoch nennleistungslosen ‚-t‘. Die Gestalt ahd. ‚selbs‘ ist der zweite Fall zu ‚selb‘. Das ‚t‘ ward dümmlich ange-hängt (‚selbs-t‘) und dann das Ganze zum Hauptnamen erhöht (‚das Selbst‘). Das „Selbst“ aber ist als „das Selbe“ wie „das Selbe“ zu denken. Die Mode, anderen Für-/Hauptnamen ein ‚selbst‘ hintanzusetzen (so, wie etwa in „das habe ich selbst getan!“ oder „das Laub ist gelb, doch der Baum selbst ist noch nicht ausgetrockenet“), ist wichtigtuerisch und gottlos, denn ihr ge-mäß wird vorgegaukelt, jedes tote Seiende sei „selbst“ oder habe ein „(eigenes) Selbst“. Das SELBST aber wiest der unendliche CHRISTUS; sonst nichts. Das mittels des Namens nhd. ‚selb(st)‘ eigentlich Benannte ist das Jenige, das trotz allem Wandel un-verändert ES SELBST bleibt. Somit ist das benannte Selbst stets das Selbe, wie das eine Selbe. Statt ‚Selbstachtung‘, ‚Selbst-mord‘, ‚selbstständig‘, ‚selbsttätig‘, ‚Selbstvertrauen‘ usf. ab jetzt bitte ‚**Eigenachtung**‘, ‚**Sichtötung**‘ (statt des unmöglichen ‚Selbstmordes‘ [Christus wiest das Selbst, jedoch nicht zu

morden!]), ,**eigenständig**', ,**eigentätig**', ,**Sichvertrauen**',
darzu ,**Automatikschussanlage**' (statt ,Selbstschussanlage'),
,**erclärungsbedarflos**' (statt ,selbstverständlich'), ,**ichlos**'
(statt ,selbstlos') et c. Siehe auch ,**identisch**'!

,-**selig**' siehe ,-**sälig**'!

,**Sprachgefühl**': Auch dieser Name ist eine ungute Erfindung
des gemeinen Sprechers, der von sich denkt, er sei dies nicht,
denn erhabe ja „Sprachgfühl". Sei aber das mittels des Namens
,Sprache' Benannte zu fühlen? Ersetze ,Sprachgefühl' durch
„Sinn für (die) Sprache"'! Siehe ,**fühlen**'!

,**sprechen**', ahd. ,sprehhan', verwandt mit ,Sprache', ,Gespräch',
,Spruch' und ,Sprichwort'. Als Nennleistung ist „Sprache verwenden" zu denken. Nicht alles Gesprochene wird von jedem
Hörer (gänzlich und trefflich) ver- oder fürstanden; falls nicht,
sagt ihm das Gesprochene wenig oder nichts. Falls doch, muss
so wohl im Sprecher als auch im Hörer etwas Gemeinsammes
seien, nämlich was in Beiden *für* etwas Selbiges *steht*. Siehe
auch ,**Verstand**'!

,**sterben**', ahd. ,sterban'. Der gemeine Sprecher deutet „das
Sterben" als „den Tod", die Weise des Sterbens als „Todesart"
und die Gestorbenheit wiederum als „Tod" oder „Totseien". So
lässt er feine Differenzierungsangebote seiner Sprache unge-
nutzt und kann die Auffordeung in der Evangeliumsschrift nach
Loukas ,Lasse die Toten ihre Toten begraben!" (Lk 9,60) nicht
begreifen und bleibt allso imTode. Siehe ,Tod'!

,**Sünde**', ahd. ,sunt(e)a', ängl. ,sin, verwandt mit nhd. ,seien'.
Die ursprüngliche Nennleistung des Namens ,Sünde' ist als „Ge-
wesenheit" zu denken und die des ,Sünders' als „der es gewesen
ist", nämlich als „Täter" einer Misstat. Tiefer bedacht ist „die

68

Sünde" als „der Welttraum" zu denken, den jeder Sprecher ererbt in sich trägt, der ihn ab Gott abtrennt und den Geist der
Liebe leugenet.

Die immer wieder zu hörende Behauptung seitens theohlogie-
studierter Sprecher, der Name ‚Sünde' sei eine Ableitung ab
‚Sund' ist unzutreffend, denn der Name nhd. ‚Sund' (mnd.
‚sunt') ist erst seit dem 16. Jhd. belegt; ‚Sünde' hingegen schon
im ahd. Wortschatz.

‚**taufen**', ahd. ‚toufan', verwandt mit nhd. ‚tief'. Die Nennleistung des Geschehensnamens ‚taufen' ist als „tief eintauchen" zu
denken; sie verweist auf einstige Ganzcörpertaufen etwa in See
oder Fluss, besonders in der Donau. Nicht jedoch wird mit
‚taufen' „Namengeben" benannt.

‚**Tod**', ahd. ‚tod', ängl. ‚death'. Der gemeine Sprecher denkt zu
wissen, dass die Gestorbenen „tot" seien (statt nur „gestorben"),
dass die Geschehung des Sterbens „der Tod" sei (statt nur „das
Sterben") und dass man „einen sanften" oder aber zumeist auch
„einen schlimmen Tod" sterben könne. So spaltet der gemeine
Sprecher das freie, heile, unschuldige LEBEN ohne Gegenteil
(Joh 11,25; 1. Joh 1,5) in „Leben" und „Tod" mit Angst, Mangel
und Schuld.

‚**Todesarten**' (Mz.), aus nhd. ‚Tod' und ‚Art'. Diese schräge Zusammensetzung konnte nur ein Non-Spiritueller fügen, der die
wichtigen Stellen im ersten Brief des Johannes nicht kannte:
„Wir wissen, dass wir aus dem Tode in das Leben hineingekommen sind, weil wir den Nächsten lieben. Wer nicht liebt,
der bleibt im Tode." (1. Joh 3,14). Das mittels des Namens ‚Tod'
Benannte ist demnach *nur einer*, doch nicht als „das Sterben"
oder als „die Sterbeweise" zu denken, doch als „Seien außerhalb
Christi, der „das LEBEN" ist". Siehe: ‚**den/einen Tod sterben**'!

‚Todesfall‘, aus nhd. ‚Tod‘, ‚Fall‘. Mittels des Namens nhd. ‚Fall‘ (ahd. ‚fal‘) wird neben dem „Casus der Grammatik" auch „einzelnes Vorkommniss (in Gesetzessachen)" benannt. Mittels des Namens ‚Todesfall‘ ist das „Vorkommniss eines Sterbens" gemeint, das vom gemeinen Sprecher irrtümlich als „mit dem „Tode" als selbig" erachtet wird. Siehe auch ‚tot‘, ‚Unfall‘!

‚toll‘, ahd. ‚tol‘, ängl. ‚dull‘, verwandt mit ‚tollen‘, ‚Tollhaus‘, ‚Tollkirsche‘, ‚tollkühn‘, ‚Tollwut‘. Die Nennleistung des Namens ‚toll‘ ist als „irre, trübe, verwirrt" zu denken. Der heutige gemeine Sprecher hingegen verwendet ‚toll‘ als Ersatzname für „besonders gut" (siehe ‚irre‘, ‚super‘, ‚wahnsinnig‘!). Er spricht so irre, wie ein Tollhäusler.

‚tot‘, ahd. ‚tot‘, ängl. ‚dead‘. verwandt mit nhd. ‚Tod‘ (ängl. ‚death‘). Die Nennleistung des Namens ‚tot‘ ist als „außerhalb des Lebens" zu denken. „Wir aber wissen, dass wir aus dem Tode in das Leben hineingekommen sind, denn wir lieben unseren Nächsten; wer nicht liebt, der bleibt im Tode." (1. Joh 3,14). Die Auferstehung aus dem Tode geschieht allso durch die Liebe. Der heutige gemeine Sprecher aber verwechselt die Namen ‚gestorben‘ und ‚tot‘ sowie ‚Sterben‘ und ‚Tod‘. Mittels des Namens ‚Tod‘ benennt er gemeinhin „das Sterben" (mithin: „das Totwerden"), „die Weise des Sterbens" („Er starb den Heldentod") und „die Folge des Sterbens" (mithin: die „Gestorbenheit"). Aber tot ist nur, wer außerhalb des Lebens ist, nämlich: der außerhalb Christi ist, denn der Christus ist das Leben (Joh 11,25; 14,6).

‚überraschen‘, aus ‚über‘, ‚rasch‘, ‚-en‘. Die Nennleistung ist aus dem ‚rasch‘ zu ersehen, denn „das Überrasche" kommt so rasch, dass es Unvorbereiteten *unerwartet* kommt. Anderes mag *erstaunen*, doch nicht überraschen, weil es unrasch kommt. Auswendig denkende Übersetzer aber denken, ängl. ‚(to) surprise' (oder frç. ‚surprise') seien jedes Falles als „überraschen" (oder „Überraschung") zu übersetzen.

‚**Umgangssprache**', aus nhd. ‚um', ‚Gang', ‚Sprache'. Die vorgebliche Nennleistung dieses Namens ist als „Sprache, mit der ein Alltagsumgang gepflegt wird" zu denken. Ziehen wir aber den geistlosen Gebrauch dieser Sprache durch den gemeinen Sprecher in Erwägung, gelangen wir zu einer zweiten Nennleistung: „Geistumgehungssprache".

‚**umstritten**': „Der von Experten *umstrittene* Verein...". Na, und? Dies ‚umstriten' *gilt* als „negativ", aber auch die SPD ist umstritten oder Minister Habeck. Das beweist in einer strittigen Frage betreffs den Verein oder den Diener (alias ‚Minister') keinerlei „Negativität" oder „Positivität", sondern ist so vage und beweislos wie die Gewohnheitsdeutung, jede „Qualität" sei „gut" oder jede „Kritik" sei etwas Schlechtes. Dummdeutsch!

‚**Unfall**' aus nhd. ‚un-' und ‚Fall'. Gemeint ist der „Nicht-Fall", mithin: „der Fall, der *nicht* geschehen soll". Siehe ‚**Todesfall**'!

‚**ungefähr**', aus nhd. ‚un' und ‚Gefaar'. Gemeint ist aber nicht „ohn' Gefaar", doch „unge-nau"; allso bitte ab jetzt ‚**ungenau**'.

‚**Unschuld**', aus nhd. ‚un-' und ‚Schuld'. Die Nennleistung des Namens ‚Unschuld' ist als „ohne Soll" zu denken, denn nhd. ‚Schuld' (ahd. ‚sculda') ist eine Hauptnamenbildung zu ‚sollen' (ahd. ‚sculan'). Ein schuldiger Sprecher ist jemand, der durch ein Soll bestimmt ist, nämlich zumeist das des Büßens. Er verbrach das Gesetz und beschädigte jemanden oder etwas. Den Schaden *soll* er, nämlich: büßen, mithin: ausbessern oder aber wiedergutmachen. Wer in Unschuld ist, der nicht soll büßen. Wer aber in ganzer Unschuld auch im Denken seien will, der muss dem Schulddenken gänzlich entsagt haben: dem Denken, dass das Hauptsoll auf Erden die Erfüllung oder Gelingung des Welttraumes sei. Der Welttraum ist als „die Sünde" zu denken, „ohne Gott" zu seien und trotzdem „das Gelück" zu suchen.

‚Ursache‘, aus ‚ur-‘ und ‚Sache‘. Als Nennleistung des Namens ‚Ursache‘ ist „erste Sache, die Anderes erwirkt" zu denken. Dies mag in vor Gericht verhandelten Sachen möglich seien, jedoch nicht in allgemeiner Causalität. Jede gefundene vermeinte „Ursache" steht in einer Kette nach anderen „Ursachen". Sogar der angebliche „Urknall" soll nicht ohne eine „Ursache" geschehen seien. Vielleicht besinnt der Mensch sich eines Tages darauf, dass der Causalismus nur eine ererbte Denkweise, jedoch kein Absolutum seien mag.

‚verantworten‘, zu nhd. ‚ant-‘ und Wort‘. Zu antworten vermag lediglich ein Sprecher; wie aber soll dann ein sprachlos Seiendes etwas als „schlimm" Gewertetes „ver-antwort-en"? Beispell: „Für die Überschwemmung ist der Regenwetter verantwortlich." Es *nicht* ist darfür „ver-*antwort*-lich", doch vielleicht daran „ursächlich" beteiligt!

‚verantwortlich‘, zu nhd. ‚ver-antwort-en‘. Darin steckt nhd. ‚Antwort‘, die der gemeine Sprecher nicht bemerkt. Er denkt zu dem Namen ‚verantwortlich‘ zumeist „schuldig" hinzu und zur Namenfolge nhd. ‚zur Verantwortung ziehen‘ etwa „jemanden vor Gericht ziehen, auf dass er dort verklagt und verurteilt werde". Das mittels des Namens nhd. ‚Schuld‘ Benannte ist ein feuerspeiendes Drachenphantom. Siehe ‚**Sünde**‘, ‚**Unschuld**‘!

‚verdienen‘, aus nhd. ‚ver-‘ und ‚dienen‘. Der gemeine Sprecher denkt zu diesem Namen unterschiedslos „Geld bekommen" hinzu. Aber ver-*diene* ein Faulenzer Geld? Oder *bekomme* es es lediglich, ohne jemandem zu dienen? Krankenschwestern beispellsweise *bekommen* gewiss weniger Lohn als sie *verdienen*.

‚**vergeben**‘, ahd. ‚firgeban. Neben manchen Nennleistungen (etwa „Carten fälschlich austeilen“ oder „verteilen“ et c.) ist eine besondere zu nennen, nämlich: „den Welttraum niederlegen“ (siehe ‚**Sünde**‘, ‚**Unschuld**‘!). Diese Niederlegung ist keine Willensleistung, sondern ein Aufgeben, wenn der Traum nicht länger zu halten ist. Der gemeine Sprecher aber wirft die Nennleistungen der Namen ‚vergeben‘, ‚verzeihen‘, ‚entschuldigen‘ allesammt in einen Topf und vermengt sie gewinnlos.

‚**vergenügen**‘, zu nhd. ‚ver-‘, ‚genug‘ und ‚-en‘. Weswegen das ‚e‘ ausfiel? Wegen der gemeinen Sprecher Nachlässigkeit, Unwissenheit und mangelhaften Zuhörens. Weshalb es derweil der angeblichen Rechtschreibreformen nicht wieder eingefügt ward? Des Huldigens der dummen Gewohnheit der unbewissenden Sprecher halber. Ab jetzt bitte: ‚**be-genüg-en**‘, ‚**vergenügen**‘, ‚**Vergenügen**‘, ‚**vergenüglich**‘ et c.

‚**vergnügen**‘ siehe ‚**vergenügen**‘!

‚**vergöttern**‘: jemanden anhimmeln, der trotzdem nicht zu Göttern wird oder zu den Göttern kommt.

‚**Verhältniss**‘, aus nhd. ‚ver‘, ‚halten‘, ‚-niss‘. Im Verhältnisse ist etwas *zueinander verhalten*. Im Liebesverhältnisse sind zwei Liebende zueinander verhalten oder verhalten sich zueinander.

‚**vernehmen**‘, ahd. ‚firneman“. Der gemeine Sprecher missachtet ersetzt ‚vernehmen‘ (älter nhd. „In Wahr nehmen“ = „in Beachtung nehmen“) durch ‚wahrnehmen‘, das er als „für wahr nehmen“ umdeutet. Die Nennleistung des Namens ‚vernehmen‘ ist „durch die Sinnesöffenungen nehmen“. Siehe ‚**Vernunft**‘!

‚**Vernunft**‘, ahd. ‚firnumft‘, verwandt mit nhd. ‚vernehmen‘. Das mittels des Namens ‚Vernunft‘ Benannte ist als „Vernehm-

73

vermögen" zu denken, das aus den vernommenen Wellen Abbilder verfertigt (Sicht-, Klang-, Duftbilder) und dem Menschen eine „Welt" darbietet, die unwaar ist. Aber all die Welttraumvernunft heidnischer, geistvermeidungsbestrebter Erdenbürger können wir getrost vergessen, weil sie erkenntnisslos bleibt.

‚versöhnen‘, ‚versöhnlich‘, ‚Versöhnung‘, siehe ‚versühnen‘!

‚Verstand‘, ahd. ‚firstand‘. In dem Teile des Sprechvermögens, der mittels des Namens nhd. ‚Verstand‘ benannt wird, *stehen* alle gelernten Namen *für* das mittels ihrer Benannte, mit Abbildern, Empfindungen, Wertungen, usf. Somit ist das mittels des Namens ‚Verstand‘ Benannte als „Fürstand" zu denken. Dazu der Namen nhd. ‚**verstehen**‘, ahd. ‚firstantan‘, ‚firstan‘.

‚versühnen‘, jedoch nicht ‚versöhnen‘ zu nhd. ‚Sohn‘, doch zu nhd. ‚sühnen‘, ‚Sühne‘. Allso bitte ab jetzt ‚**versühnen**‘, ‚**versühnlich**‘, ‚**Versühnung**‘.

‚**verzeihen**‘, ahd. ‚firzihan‘, Vorsilbenbildung zu nhd. ‚zeihen‘, ahd. ‚zihan‘. Ein Sprecher mochte jemanden eines Verbrechens nhd. ‚zeihen‘, mithin: anzeigen. Eben so mochte er diese Anzeige auch wieder fallen lassen, mithin: nhd. ‚fortzeihen‘, alias ahd. ‚firzihan‘. Die Nennleistung ist jedem Sprecher einleuchtend, der nhd. ‚zeihen‘ wohl versteht.

‚**Verzicht**‘, mhd. ‚verziht‘, verwandt mit ‚verzeihen‘. Wer verzichtet, der bezeiht eine Anspruchsaufgabe oder -niederlegung.

‚**von**‘, (ahd. ‚fon[a]‘). Mittels des Voranstellungsnamens (alias ‚Präposition‘) ‚von‘ (mit ‚dem‘ zusammengezogen ‚vom‘) wird die Herkunft eines anderen Benannten benannt. „Ich komme vom Gebirge her"). Diesem Namen folgt der dritte Fall des

Nachfolgenamens: „von mir", „von dem Quelle" usf. Im Zuge der Vermeidung des zweiten Falles durch den gemeinen Sprecher wird dieser Fall zumeist durch den dritten Fall ersetzt (beispellsweise statt „wegen meiner" leider „wegen mir" oder statt „wir werden seiner gedenken" leider „wir werden ihm gedenken"). So werden Namenfolgen und Sätze gebildet wie „Festnahme von gesuchten Verbrechern" (so, als sei die Festnahme eigens von den Verbrechern ausgeführt worden, statt „Festnahme gesuchter Verbrecher"). Oder „die Verzinsung von Steuergeld" statt „Verzinsung *der* Steuergelder". Siehe auch ‚**so was von**‘!

‚**vorhanden**‘ (mhd. ‚vor handen‘), mithin eigentlich: nhd. ‚vor den Händen‘ = „zum Greifen". Wie dann etwa Luft, Geist oder der gute Wille vor*hand*en sei, ist rätselhaft. Ab jetzt bitte nur mit der gedachten Nennleistung: „**vor den Händen**", nicht „vor den Zähnen", „den Augen" oder „vor den „Füßen" usf., und nicht als Ersatz für ‚(irgend) **dar**‘!

‚**vorstellen**‘, aus nhd. ‚vor‘ und ‚stellen‘. Wen oder was stellen wir wo vor? Der gemeine Sprecher neigt darzu, sich etwas *einzubilden* und dies Bilden mittels der Namenfolge ‚sich etwas vorstellen‘ zu benennen, was falsch ist (siehe ‚**einbilden**‘!). Nicht stellt der Sprecher *sich* etwas vor, das er ortsunabhängig erdenken möchte, sondern **er stellt *sich etwem vor (nicht: jemandem)*,** indem er sich beispellsweise ein Haus in Italien denkt, *vor dem er eingebildet*, mithin: mit einem inneren Bilde *im Sinne steht.* Allso bitte zu ‚(sich etwas) **vorstellen**‘ etwa „sich vor etwas stellen" hinzudenken. Siehe ‚**etwas**‘, S. 53

‚**waar**, (mhd. ‚war‘, ahd. ‚war‘, lat. ‚verus‘), ‚**Wahrheit**‘, nicht verwandt mit ‚bewahren‘, wahrnehmen (= ‚in Wahr nehmen‘), ‚wahrscheinlich,‘ usf. Der Christus ist die Waarheit (Joh 14,6), keine Wahrnehmung oder besser: keine In-Wahr-Nehmung und nicht „(durch die Sinnesöffenungen) in Wahr zu nehmen". Allso bitte ab jetzt ‚waar' und ‚Waarheit'.

‚wahnsinnig', aus nhd. ‚wahn', ‚sinn' und ‚-ig'. Nennleistung: „durch Wahnsinn bestimmt". Das mittels des Namens ‚Wahnsinn' Benannte ist als „der wahne, mithin: irre oder gestörte Sinn" zu denken. Der Name ist allso eigentlich für einen bedenklichen Verstandes- oder Gemütszustand zu verwenden. Heute jedoch missbraucht ihn der gemeine Sprecher für die Benennung seines Erstaunens ob ihn undenkbahr dünkender Seiender oder Vorkommnisse. Ob dies mit der Zunahme der Zahl der Patienten der Ärzte für Psychiatrie zusammenhange?

‚wahr' siehe ‚waar'!

‚wahrscheinlich', aus lat. ‚verisimilis' (= „wahrähnlich"), die deutsche Neugestaltung nach der nndl. Umgestaltung ‚waarschijnlijk'. Aber der Schein trügt, und das Waare nicht scheint, doch *wiest* (siehe ‚waar', ‚wesen'). Insofern sind der nhd. so, wie schon der lat. Name, widerdächtig gebildet.

‚warum', aus ahd. ‚war' (= nhd. ‚wo') und ahd. ‚umbi' (= nhd ‚um'). Die Endsilbe ‚um' giebt die Antwortsweise vor: ‚Um zu ...'. Allso beispellsweise „War*um* isst du etwas?" – „*Um* den Hunger *zu* stillen." Eine Absicht allso wird als Grund eines Tuens genannt. Der gemeine Sprecher aber denkt, alle Fragenamen seien „in etwa nennleistungsselbig" (‚weshalb', ‚weswegen', ‚wieso', ‚wozu') und fragt „Warum bist du hungerig?", obwohl kein Mensch aus Absicht hungerig wird oder ist. Auch ‚inwiefern' vermeidet der gemeine Sprecher und nimmt stumpf nur ‚warum'; siehe ‚inwiefern'!

‚Welt' (mhd. ‚werlt', ahd. ‚weralt', ängl. ‚world'); die Namengestalt ahd. ‚wer-alt' bekundet, dass mittels des zweisilbigen

76

Namens das „Menschenalter" benannt ward. Diese Nennleistung ward durch allmähliche Namensverkrüppelung (‚weralt' zu ‚Welt') verdrängt und durch die Hinzudenkung „das Sein"; das „Geseiende" (= „das gesammte Seiende") ersetzt.

‚**Wert**', ahd. ‚werd', verwandt mit nhd. ‚werden' (ahd. ‚werdan'). Die mittels des Namens nhd. ‚Wert' benannte Erachtung wird dem jenigen Seienden zugemessen, das „einem als „gut" gedeuteten Werden dienlich" sei. Dem gemeinen Sprecher ist dies vor Allem das mittels des Namens ‚Geld' benannte Zahlungsmittel. Manche Sprecher sprechen auch „christlicher Werte", die allerdings allein in unchristlicher Deutung möglich sind. Welches Werden erwarten solche Sprecher nämlich? Das Werden geschieht nur in der Finsterniss auf der wandelbahren Erde, nicht im LICHTE des ewigen Himmelreiches. Der ein „gutes" Werden erwartende wertende Sprecher bleibt in seinem Denken irdisch und unerlöst.

‚**wesen**' (ahd. ‚wesan'), ursprünglich stark gebeugt: ‚was', ‚(ge-) wesen'; diese beiden Gestalten warden und werden zu ‚seien' herangezogen und verdrängten die alten Gestalten ‚sie' und ‚gesieën' (allem. ‚s'isch fei g'sie'). Heute wird nhd. ‚wesen' für die Benennung des „dauerhaften Seiens" verwendet, das trotz allem sonstigen Wandel um es her ein Seiendes dauerhaft und geistlich bestimmt.

‚**wesentlich**' zu nhd. ‚wesen': die Nennleistung ist „dem Wesen gleich". Der gemeine Sprecher beachtet aber nicht, wie er „das Wesen" denken möge, sondern faselt oft und tiefenlos des „Wesentlichen", ohne es eigentlich zu treffen. Siehe ‚**im Wesentlichen**' (S. 86)!

‚**weshalb**', aus nhd. ‚wes(sen)' und ‚halb(er)'. Frage: „Weshalb räumst du auf?" – „Des Ordenens halber." Die Ordenung ist das

Ziel des Tuens; dies Ziel (oder der Wunsch, es zu erreichen) ist der Grund des Tuens. *Deshalb*, nämlich: *dieses Zieles halber* wird das Aufräumen getan.

,**weswegen**‘, aus nhd. ,wes(sen)‘ und ,mhd. ,wegen‘ (mhd. Mz. zu ,Weg‘). Frage: „Weswegen („von wessen Wegen“) gabst du dem Betteler zehn Taler?“ – „Ich bin von den Wegen der (Nächsten-)Liebe bewogen.“

,**wieso**‘, aus nhd. ,wie‘ und ,so‘. Frage: „Wieso kamst du her?“ – „Ich wollte ohnehin in deine Richtung und dachte an der Ecke, ich besuche dich kürzlich.“

,**wollen**‘, ahd. ,wellen‘, ängl. ,(to) will‘, ,lat: ,velle‘, verwandt mit nhd. ,wählen‘ und ,wohl‘. Die Nennleistung ist als „in das Werden einwilligen“ zu denken. Der gemeine Sprecher verwechselt ,wollen‘ unablässig mit den Namen ,begehren‘, ,gebieten‘, ,lieben‘, ,verlangen‘, ,wünschen‘.

,**Wort**‘, ahd. ,wort‘, verwandt mit lat. ,verbum‘. Die Nennleistung ist als „aus dem Namen (durch Hinzudenkung, Bildhinzufügung und Hinzuwertung) Gewordenes“ zu denken. Erst durch eine Hinzudenkung, Hinzuwertung und Bildhinzufügung wird aus dem Namen ,Garten‘ ein Wort mit dem Inhalt der Erscheinung des Gartens und dessen Wertung durch den Sprecher, der dies Wort namens ,Garten‘ erbildete. Siehe auch ,**Name**‘!

,**Wortschatzentwickelung**‘. Wird der Wortschatz *entwickelt*? Die Nennleistung des Namens nhd. ,ent-wickel-n‘ ist als „aus einem Wickel herauswinden“ zu denken. Dies ist beim Werden eines Wortschatzes kaum als „möglich“ zu erachten. Und dass der Wortschatz „*sich* entwickele“ – so etwa aus eigener Kraft – noch viel weniger. Allso ab jetzt bitte ,**Wortschatzaufbau**‘!

,**wozu**', aus nhd. ,wo' und ,zu'. Frage: „Wozu (= „zu was") bedarfst du den Schraubenzieher?" – „Ich beabsichtige, die losen Schrauben des wackeligen Stuhles festzuziehen."

,**wütend**', zum nhd. ,wüten' (ahd. ,wuoten'). Die Nennleistung ist als „rasend, tobend" zu denken. So ist der gemeine Sprecher, der sich oder jemanden als „wütend" erachtet und benennt, im Irrtume, denn er meint „zürnend". So wütet ein Sturm ohne zu zürnen. So wütet ein Gewitter, doch zürnt es nie. Aber ein Mensch wütet nur dann, wenn er um sich schlägt, Dinge beschädigt oder zerstört; ansonsten *zürnt* er lediglich, auch wenn der Name den gemeinen Sprecher als „altmodisch" dünkt.

,**zeitnah**', aus nhd. ,Zeit' und nhd. ,nah'. Wie mag (die oder eine) Zeit *nah* seien? Die mittels des Namens nhd. ,Zeit' benannte Denk- und Rechenensweise ist oder geschieht allein im Haupte der Sprecher; somit ist „sie" immer nah. Gemeint ist aber eine vermeinte „Zeit", die keine ist, nämlich ein vermeinter „Zeitpunct" oder ein Seien, das als ,Zeit' benannt wird. Einst nannte man dies ,bald', ,in Kürze', ,rasch', ,unverzüglich' usf.

,**ziemlich**', aus nhd. ,ziem(en)' und ,-lich'. Welche Silbe dieses Namens zeigt an, dass dieser Name als „Steigerung" eines anderen Benannten diene (,ziemlich groß' sei „größer als nur groß") oder als „Intensivierung"? Solcher Namensmissbrauch ist unziemlich, mithin: ziemt er sich nicht. Siehe ,**gehören**'!

,**Zorn**', aus ahd. ,zorn'. Der Name ist aus der Sprechmode des gemeinen Sprechers geraten und fälschlich durch nhd. ,Wut' ersetzt worden. Die Nennleistung des Namens ,Wut' aber ist als „grollend Herumschlagen, Rasen, Tobrn" zu denken; die Nennleistung des Namens ,Zorn' hingegen ist als „Brand oder Feuer im Gemüte wegen (vermeintlich?) erlittenen Unrechtes" zu denken. Darzu ,**zürnen**'.

‚**Zufall**‘, aus nhd. ‚zu‘ und ‚Fall‘. Den „Hinzufall“ hört oder liest kaum jemand aus diesem Namen heraus. Statt dessen dichtet ihm der gemeine heutige Sprecher prüflos nachlauterisch an, mittels seiner werde „grund- und absichtsloses Zusammenkommen“ benannt. Wie kommt er darauf? Sei ein grundloses Werden denkbahr? Wenn aber des Werdens Grund denkend deutend erschlossen wird, dann wird offenbahr, dass auch das Werden des anderen Seienden aus diesem Grunde geschieht. So möge die Nennleistung des Namens ‚Zufall‘ nicht länger als „grundlos geschehener Fall“, doch als „(begründeter) Hinzufall“ gedacht werden.

‚**Zumutung**‘, aus nhd. ‚zu‘, ‚Mut‘ und ‚-ung‘. Die Nennleistung ist als „Zu-Gemüte-Führung“ zu denken. Nach einer wie auch immer geschehenden Zumutung ist dem Betroffenen demgemäß „zu Mute“. Wieso deutet der gemeine Sprecher dies jedes Falles als „ungut, negativ“?

‚**zürnen**‘ zu nhd. ‚Zorn‘; siehe dort!

‚**zusammen**‘, aus nhd. ‚-samm‘ und ‚en‘. Die Nennleistung des Namens ‚zu‘ ist als „Richtung zu etwas hin“ zu denken. So mögen zweie, dreie oder mehrere Sprecher *zusammen*kommen; nicht jedoch wird mittels dieses Namens benannt, sie seien *gemeinsamm* gekommen. Nach der Zusammenkunft überigens sind „Zweie“ das, was mittels des Namen ‚**beieinander**‘ und „Viele“ das, was mittels der Namen ‚**beisammen**‘ oder ‚**mitsammen**‘ benannt wird.

Undurchschaute deutsche Namenfolgen:

‚das Leben retten/verlieren‘: zu nhd. ‚leben‘, ‚retten‘, ‚verlieren‘. Der gemeine Sprecher denkt zu dem Namen ‚leben‘ „in einem Fleischcörper auf Erden seien" hinzu. Dass er als Seele dies Leben ist, beweiß er nicht; so schließt er es aus. Weil es dies Leben ist, kann er es weder retten noch verlieren, denn es ist Teil Christi In Ewe. Sein Cörper aber mag das Leben verlieren, was der gemeine Sprecher erkenntnisslos als „Tod" erdeutet.

‚den Eindruck haben‘: aus nhd. ‚ein‘, ‚Druck‘, ‚haben‘. Der gemeine Sprecher verwendet diese Namenfolge, ohne an „Druck" zu denken, denn er meint eher „(etwas) vermuten".

‚den/einen Tod sterben‘: aus nhd. ‚Tod‘ und nhd. ‚sterben‘. Der gemeine Sprecher scheidet nicht deutlich zwischen ‚Tod‘ und ‚sterben‘. So denkt er, man könne „den Heldentod sterben" oder „einen grauenhaften, schmerzhaften oder aber einen sanften, schönen Tod sterben". Siehe aber ‚**Todesarten**‘! „Der Tod" ist *ohne Arten* als „Seien außerhalb Christi, mithin: außerhalb des Lebens" zu denken (Joh 11,25; 14,6).

‚**der/die/das Geleiche**‘: zu nhd. ‚ge-leich‘, mhd. ‚ge-lich‘, ahd. ‚gi-lichi‘; verwandt mit nhd. ‚Leiche‘ (= „Gestalt"). Das „Geleiche" ist als „etwas mit unterschiedloser Gestalt" zu denken. Ein Zwilling mag dem anderen geleichen; jedoch ist keiner der Beiden der eine Selbe wie der Andere.

‚**der/die/das Selbe**‘: zu nhd. ‚selb(ig)‘. Die veraltete Schreibweise ‚derselbe‘, ‚dieselbe‘, ‚dasselbe‘ ist so falsch, wie ‚derschöne‘, ‚diedumme‘, ‚dasblöde‘. Wann werden die für unsere Sprachschriftgestaltung zuständigen Sprecher Dies einsehen?

‚der Tod trat/tritt ein‘: zu nhd. ‚Tod‘, ‚treten‘. „Der Tod"
vermag nicht und irgend „einzutreten", denn „er" ist kein
eigenständiges Seiendes. Wenn aber das Sterben eines Unheil-
bahren oder Patienten bis 11 Uhr 52 geschah, dann wird der gemeine Sprecher poëtisch und benennt das Ende des Sterbens
gewohnheitlich mit der erstarrten Namenfolge „der Tod trat um
11.52 h ein".

‚die ganzen (Dinge/Leute/Taten)‘: Peinliche Ebensetzung der
Namen ‚alle‘ und ‚die gesammten‘ mit ‚ganz‘. Sah jemand jemals
„halbe Dinge"? Oder „die halben Leute"? „Halbierte Taten"?

‚die Gegenwart‘: aus nhd. ‚gegen‘, ‚Wart‘. Die Nennleistung
dieses Namens ist nicht als „Zeitraum, in dem „wir" jetzt sind"
zu denken, sondern als „dem Zukommenden entgegenwärts
warten". Wann diese Warte geschehe, ist auch durch Zeitmessung nicht eigentlich zu bestimmen, denn Zeitmessung geschieht lediglich als ein Zweitgeschehen neben dem Geschehen,
dessen „Gegenwart" zu ermessen sei, mithin: neben dem
Warten dem Zukommenden ent*gegen*. Aber beide Geschehnisse
sind non-absolut.

‚die Vergangenheit‘: aus nhd. ‚ver-‘, ‚gehen‘ ‚gangen‘, ‚-heit‘.
Auch die Nennleistung dieses Namens *nicht* ist „Zeitraum, der
früher war", sondern „Tatsache, dass etwas vergangen ist". Siehe
auch ‚**Verginge**‘! Mittels der Namenfolge ‚die Vergangenheit
der Dinosaurier‘ nicht wird „die Zeit" benannt, „die ihnen schon
darmales vorübergegangen war", sondern „die *Tatsache*, dass
die Dinosaurier vergangen und ausgestorben sind".

‚die Welt von gestern/morgen‘: Diese Namenfolge weist
zwei Irrtümer auf: Erstens nicht ist „die (eine) Welt", sondern
jeder Sprecher wandelt durch seine eigene Welt, die in seinem
Haupte erträumt wird. Der Name nhd. ‚Welt‘ (ahd. ‚weralt‘)

wird vom gemeinen Sprecher als Ersatz für „das Geseinde" oder für „das Seien". Zweitens existiert weder ein „morgen" noch ein „gestern"; mittels der beiden Namen werden lediglich der Tag nach und vor „heute" benannt.

‚die Zeit vergeht': zu nhd. ‚Zeit' (ahd. ‚zit'), nhd. ‚ver' und gehen'. Nach Immanuel Kant (1724-1804) sei das mittels des Namens ‚Zeit' Benannte eine „Anschauung a priori", darmit er eine ererbte Denkweise des Menschen meinte, mittels derer das Werden und Vergehen gedacht und berechenet werde. Diese Denkweise vergeht aber nicht, wenn ein Sprecher empfindet, „die Zeit" vergehe oder sei vergangen. Was vergeht, wenn nicht „die Zeit"? Das Zueinanderseien und die Verhältnisse des Seienden; sie werden gewandelt und verändert und bleiben nicht. Die Stunde aber steht und das Seien bleibt, wie von Dichtern gestiftet. Der gemeine Sprecher jedoch ruft aus: „Wie die Zeit vergeht!"

‚die Zukunft': zu nhd. ‚zu' und nhd. ‚Kunft'. Die Nennleistung ist allso als „die Kommung zu uns zu" zu denken, nicht als „Zeitraum, der schon darauf wartet, dass wir in ihn hineinreisen", wie es der gemeine Sprecher tut.

‚ein Gespräch führen': Dies mag vielleicht ein Mäßiger (alias ‚Moderator') im Fernsehstudio mit eingeladenen Discussionsteilnehmern tuen, doch der gemeine Sprecher bekundet, dass auch er „ein Gespräch mit dem-und-dem geführt" habe. Es klingt wie Anmaßung!

‚ein Leben führen': Diese anmäßige Namenfolge dünkt als „Ego-Sprech". Wer führe „das oder ein Leben"? Das Schicksal? Oder gar „Gott"? Nein, „das Ego"! Was sonst? Und „das Leben" ist als „der CHRISTUS" zu denken (Joh 11,25; 14,6). Führt „das Ego" aber den Christrus? – Was werde mittels der Umgangs-

sprache umgangen? Zumeist das mittels des Namens ‚Geist‘ Benannte. Umgangssprache ist als „Geist*umgehungs*sprache" zu
denken.

‚**eine Rolle spielen**‘: Diese Namenfolge stammt aus dem Film-
und Theaterbereich: in Schauspielen oder Verfilmungen spielen
Schauspiueler je ihre Rolle. Das ist für die Aufführung unabdingbahr wichtig; deswegen denken prüflose Sprecher, wer oder
sogar was eine Rolle spiele, sei ein „Synonym" für „wichtig
(seien)". Unfug!

‚**es giebt**‘: Diese unbedachte Namenfolge erschallt unablässig
aus Aller Munde. Aber *was* giebt? Anders gefragt: Was sei das
„gebende Es"? Der gemeine Sprecher schämt sich nicht, prüflos
zu fragen: „Giebt es eigentlich (einen) Gott?" Der Fürname (alias ‚Personalpronomen‘) ‚es‘ steht für etwas oder jemanden
(noch geschlechtslosen wie ein Kind). Wer oder was aber sollte
dies Etwas oder dieser Jemand seien, dass es/er so vermögend
sei, „Gott" zu geben? Das Bildens- und Denkvermögen eines
Sprechers giebt vielleicht eine „Gottesdenkung", doch keines
Falles GOTT, DER die unendliche, ungreifbahre LIEBE wiest (1.
Joh 4,16). Statt „es giebt" wäre meist „dar (oder dort) ist/sind"
besser.

‚**es heißt**‘: *was* heißt? Der gemeine Sprecher, der diese Namenfolge nachlautet und wiederholt, meint darmit: „es wird geredet
und bekundet". Aber wirklich *geheißen* wird niemand – von *was*
auch sollte solch *Geheiß* erklingen?. Siehe ‚**heißen**‘!

‚**es regenet**‘: *was* regenet? „Es"? „Der Regen"? Oder nur „die
Tropfen"? Der Geschehensname nhd. ‚regenen‘ (ahd. ‚reganon‘)
ist dem Hauptnamen nhd. ‚Regen‘ (ahd. ‚regan‘) abgeleitet,
dessen ursprüngliche Nennleistung leider unclar ist. Aber das
‚es‘ ist bedenklich. Besser wäre ‚(**der**) **Regen fällt**‘.

‚etwas costen‘: „Was costet das?" – „Geld. Was sonst?"
Ja, was dachte der fragende Sprecher? Dass es etwas Anderes
denn Geld coste? Womöglich Naturalien, wie einst? Er meinte
aber „*Wie viel* costet das?"

‚ewig leben‘: aus nhd. ‚ewig‘ und ‚leben‘. „Das ewige Leben" ist
als „Leben auch außerhalb des Cörpers und nach dem Sterben
(= „Verlassen des Cörpers)" zu denken – ob ein Sprecher dem
gelaubt oder nicht.

‚ganz besonders‘: Diese Namenfolge wird unablässig vom gemeinen Sprecher wiederholt und nachgelautet. Kennt er auch
etwas oder jemanden, das er als ‚halb besonders‘ wertet und benennt? Bedenkenlos gelauteter oder gar „ganz übel" geschrieb-
ener Unfug! Vor dem Gebrauche des Namens ‚ganz‘ bedenke
man, ob auch ‚halb‘ einleuchtend vorkomme (Kinderdeutsch:
„ganz toll, ganz viele, ganz bestimmt, ganz gemein"?

‚Gefaar laufen‘: aus nhd. ‚Gefaar‘ und ‚laufen‘. Man kann nicht
„etwas laufen", sondern man kann „auf einem Boden laufen"
oder „in etwas hineinlaufen". Denke allso hinzu: „**in die Gefaar hineinlaufen**".

‚geschlechtergerechte Sprache‘: Mit dieser Namenfolge ist
eigentlich keine *Sprache* gemeint, doch eine Sprach*gestaltung*,
die den (zweien?) Geschlechtern des Cörpers des Menschen
gerecht werde. Aber sei dies möglich? Der Name nhd. ‚Geschlecht‘ (ahd. ‚gislahti‘) ist mit nhd. ‚schlagen‘ verwandt.
Mittels seiner wird „die Jenigen, die der selben Art sind oder in
die selbe Richtung schlagen" benannt (so mag denn auch jemand, der dort nicht hineinpasst, *aus der Art schlagen*). Aber
dies „Geschlecht" ist etwas Fleischliches. Wie mag die Sprachgestaltung dem Fleischlichen *gerecht* werden? Der Geist ist der
Lebensbringer; das Fleisch ist vergänglich und allein nichts

nutze (Joh 6,63 a). Sei dies zu nennen, etwa ungerecht? Wozu dann die so unbedeutende Scheidung zwischen masculinen und femininen Namen? Werde die Sprachgestaltung etwa beispellsweise den Haaren gerecht, nur weil unter ‚blond‘, ‚braun‘, ‚grau‘, rot‘ und ‚schwarz‘ geschieden wird? Welch ein Unfug! Siehe ‚**unschuldige Sprache**‘ (S. 92), ‚**gendern**‘ (S. 103, S. 135), ‚**Genderleitfaden**‘ (S. 121)!

‚**Gewähr leisten**‘, aus nhd. ‚ge-‘, ‚währen‘ und ‚leisten‘. Die Nennleistung ist als „eine Gewähr für etwas geben" zu denken – statt eine Kunde „ohne Gewähr" zu lassen. Nicht verwandt ist ‚gewähren lassen‘, das aus mhd. ‚gewerden lazen‘ verfälscht ward.

‚**glauben an**‘, (mhd. ‚ge-louben‘, ahd. ‚gi-louben‘), verwandt mit nhd. ‚er-lauben‘ und nhd. ‚ge-loben‘ (ahd. ‚gilobon‘). Das der Vorsilbe ‚ge-‘ entfallene ‚e‘ entstellt, dass ‚ge-lauben‘ mit ‚er-lauben‘ und dem einfachen Geschehensnamen nhd. ‚lauben‘ verwandt ist. Aber der Gelaube ist so verkrüppelt worden, wie sein Name. Der ernste Gelaube nämlich (verwandt mit ‚Liebe‘) ist *nur mit Vertrauen möglich*, denn er ist zu etwas Geistlichem ausgerichtet, dessen unfasslichem Inhalte zu vertrauen ist. Der Alltags-*„Glaube"* **an** etwas bleibt auswendig an etwas Äußerem stecken, ohne den Inhalt zu gewärtigen; so kommt er ohne Vertrauen aus. So kann der gemeine Sprecher zwar *„an"* den Osterhasen g'lauben oder *„an"* den Weihnachtsmann oder sogar *„an"* ein „gutes Princip", aber niemales gelaubt er **der unendlichen, ewigen LIEBE oder Jesu Lehre CHRISTI**. Siehe auch ‚Glaube‘ S. 51!

‚**groß werden/ziehen**‘: Diese Namenfolgen werden vom gemeinen Sprecher bedenkenlos als Ersatz für „aufwachsen" oder „erziehen" verwendet. Dies Sprechverhalten eröffenet, dass der gemeine Sprecher „den Menschen" als „Cörper" deutet, denn

86

nur dieser wird derweil des Aufwachsens und Erzogenwerdens „größer". Das Denkvermögen, der Verstand und das Wissen bleiben zumeist gering, dumm und unbedeutend.

‚**haben sollen**': Diese Namenfolge ist eine Erfindung des gemeinen Sprechers, dem der Gebrauch des Coniunctiv I unerschlossen oder gar zuwider ist. Statt „Man sagt, der Mann *habe* das Kind ermordet" spricht er „Der Mann *soll* das Kind ermordet *haben*". Das ist die Frage: *soll* er das?! Der Mann sollte besser das Kind *nicht* ermordet haben!

‚**halten für**': Einleuchtend ist die Verwendung dieser Namenfolge in einem Satze wie „Der Bauer hält seine Kühe für die Milchgewinnung". Der gemeine Sprecher hingegen äußert auch Sätze wie :" Das halte ich für Unsinn!". Haltloser Unfug!

‚**im Griff(e) haben**': Der gemeine Sprecher schämt sich nicht, Folgendes zu bekunden: „Ich habe mein Leben im Griff!" Ja? Vermag es „das Leben" zu greifen? Unfug!

‚**im Princip**': aus nhd. ‚im' und lat. ‚principium'. Die Nennleistung ist allso als „im ersten Gesetz/im Anfang" zu denken. Der gemeine Sprecher verwendet diese Namenfolge aber als Ersatz für „ohne Einzelheiten zu bedenken". Unfug!

‚**im Wesentlichen**': aus nhd. ‚in', ‚dem' ‚wesen', ‚-lich'. Das mittels des Namens nhd. ‚wesen' Benannte ist als „bleibend seien, dauerhaft seien" zu denken. Somit ist „das Wesen" eines Seienden das Unwandelbahre in ihm, das ihn oder es bestimmt. Und dann lesen oder hören wir, dass „das Leben sich im Wesentlichen zwischen Gebuhrt und Tod abspiele". Wo oder wann sei dar „das Bleibende" jenes vermeinten Spieles? Statt ‚im Wesentlichen' setze ‚**im Nennenswerten**' oder ‚**im nennenswerten Bereich**'!

,**in der Lage seien**': Die Lage (oder die Gelegenheit?) mag dies oder jenes dem in ihr Seienden erlauben, jedoch verwendet der gemeine Sprecher diese Namenfolge oberflächlich als Ersatz für „können, vermögen". Unfug!

,**in der Regel**': aus nhd. ,in', ,der' und lat. ,regula' (= „Maßstab, Richtschnur"). Die Nennleistung der Namenfolge ist als „aller Erwartung nach" zu denken, denn „Ausnahmen bestetigen die Regel", die allso als „Gesetz" gedacht wird, dem alles Geschehen folge.

,**keine/(noch) viel Zeit haben**': Der gemeine Sprecher denkt, „die Zeit" sei die ihm bis zu einem Termin oder aber bis zum Sterben verbleibende; dass „Zeit" nur als „eine dem Werden und Geschehen entsprechende, unbewissentlich ererbte *Denkweise* in seinem Haupte" zu denken sei, erschließt er nicht.

,**länger leben**': Der gemeine Sprecher deutet sein Auf-der-Erde-Seien als „Leben". Dies wünscht er sich als „lang" oder gar als „länger". „Das Leben" aber ist als der ewige Christus zu denken (Joh 11,25; 14,6); länger denn ewig ist unmöglich.

,**laut Gesetz**': gemeint ist „*nach* (dem) Gesetz"; „laut" ist nur möglich, wenn das Jenige, darauf die Berufung geschieht, Laute von sich gab oder giebt, mithin: lautet(e). Aber „das Gesetz" *schweigt*...; lediglich gesetzessüchtige Sprecher lauten und verlautbahren unablässig ihre Klagen.

,**lieb und teuer**': Diese selten verstandene Teuerheit liegt in der *Liebe*, nicht in einem zu zahlenden Preise eines Verkaufsgegenstandes.

,**mit Sicherheit**': nhd. ,sicher' aus lat. ,securus' (zusammengezogen aus lat. ,sine cura' = „ohne Sorge"). Die „Sicherheit" ist nicht als „Gefeitheit gegen Angriff, Beschädigung, Feeler" zu denken, doch als „Ohnsorgigheit aus Gewissheit". Allso ‚mit Gewissheit'!

‚Mutter von': Komme die Mutter vom Kinde? Oder ist es nicht doch umgekehrt? „Das Kind von Maria" ist zwar ungutes Genitivvermeidungsdeutsch („Marias Kind" wäre besser), jedoch ist die Genealogie zutreffend, nicht jedoch die umgekehrte, dummdeutsche Benennung („die Mutter von Kevin"). Siehe auch ‚von'!

‚'raus fliegen/schmeißen': Gemeint ist zunächst „hin-ausfliegen/ hin-ausschmeißen" (siehe ‚her', ‚hin', ‚hinum'!), dann „hinausbefördert werden". Ein bekannter Fall des Hinausgeworfenwerdens ist der Prager Fenstersturz.

‚Recht haben'. Dem gemeinen Sprecher nicht ist wichtig, dass er *trefflich* denkt, spricht und benennt, sondern dass er „Recht hat". So ist er der typische ‚Rechthaber'; seine Gesinnung ist ‚rechthaberisch' oder ‚Rechthaberei'. Als was aber sei das „Recht" zu denken? Etwa als das eine Selbe, wie „das Gesetz" oder "die geltenden Gesetze"? Eingedenk der heutigen „Iura-Studenten" mag der gemeine Sprecher dies vermuten. Aber um es deutlich zu trennen: Auch *Unrechtsstaaten* (so, wie das dritte Reich, die UdSSR oder die DDR) kamen nicht ohne Gesetze aus. Diese waren jedoch kein Recht, sondern großteils Unrecht. Allso setze statt ‚Recht haben' besser „recht oder richtig gedacht und/oder gesprochen haben"! Und „das Recht" ist als „gerecht" zu denken (zu ‚richtig').

‚recht und billig'. Die Nennleistung des Namens ‚billig' ist als „was ge*billig*t wird (weil es recht ist)" zu denken, nicht jedoch als „preisgünstig" oder gar als „geringwertig".

‚schlafen mit (jemandem)': Wieso ward dieser Beischlaf als so bemerkenswert erachtet? Wehe, wenn die Beiden nicht miteinander vermählt waren! Aber was ist am *Schlafe* mit jemandem ohne zuvorige Eheschließung verboten? Gemeint ist nämlich nicht dieser Schlaf, doch mit jemandem nhd. zu ‚bumsen', zu ‚ficken', zu ‚rammeln', zu ‚vögeln' oder sonstwie „Geschlechtsverkehr" mit ihm auszuüben. Aber das kann der gemeine Sprecher auch heute noch immer nicht deutlich benennen (weil Das ja „Sünde" ist), sondern muss statt dessen Euphemismen verwenden, die aus dem unschuldigen Schlafe einen die Seele belastenden Beischlaf machen.

‚sich abspielen': aus nhd. ‚sich', nhd. ‚ab', nhd. ‚spielen'. Jemand mag eine Schallplatte abspielen, aber vermag sie *sich* abzuspielen? Wie sollten „unglaubliche Scenen sich abspielen?" Unfassliches *eräugenet* sich oder *geschieht*. Sonst nichts.

‚sich ändern': Den gemeinen Sprecher stören wirre Namenfolgen wie „Hier hat sich ja gar nicht verändert" oder „Die Bedeutungen der Worte haben sich eben geändert" nicht im geringsten Maße. Aber wie vermochten sie das? Von allein? **Nichts vermag sich von allein zu verändern**.

‚sich ausdrücken': der gemeine Sprcher denkt, er oder jemand habe „sich (deutlich oder verständlich) ausgedrückt", wenn er wohlverstanden worden ist. Er hört und liest den „Druck" nicht heraus, der in ‚ausdrücken' enthalten ist. Man kann Eiterpickel, Kerzenflammen oder Zahnpastatuben usf. ausdrücken, aber nicht sich oder seine Gedanken und Empfindungen! Eine drucklose Äußerung genügt ja wohl.

‚sich beschweren': Die Nennleistung dieser Namenfolge ist als „sich schwer machen" zu denken (ein Briefbeschwerer macht Briefe schwer), obwohl doch das Gegenteil erstrebt wird, wenn jemand *eine Beschwerde abgiebt*: er sucht sich zu erleichtern. Allso ab jetzt bitte ‚**sich beklagen**‘ und ‚**eine Beschwerde abgeben**‘!

‚**sich eigenen**‘: Der gemeine Sprecher neigt darzu, beobachtetem Seienden etwas anzudichten und zu behaupten, dies nur Angedichtete sei diesem Seienden eigen oder dessen Eigenheit oder Eigenschafft. Demgemäß *eigene* es *sich* für diesen oder jenen Zweck. Siehe: ‚**geëigenet**‘!

‚**sich einbilden**‘, aus nhd. ‚sich‘, ‚ein-‘, ‚Bild‘ ‚-en‘. Die ursprüngliche und eigentliche Nennleistung dieser Geschehensnamenfolge ist als „in das Haupt (oder in die Sinne) hin*ein* ein *Bild* entwerfen“ zu denken. Der heutige, prüflose, gemeine Sprecher denkt zu diesem Namen allerdings „halluzinieren“ hinzu und verwendet ihn dementsprechend fälschlich. Meint er hingegen das eigentliche „Einbilden“, benennt er dies mittels des Namens nhd. ‚(sich etwas) vorstellen‘, ohne darbei an „sich“, „stellen“ und „vor“ zu denken, was *wiederum falsch ist, denn nicht stellt der Sprecher sich* etwas vor, sondern **er stellt sich etwem vor (oder vor etwas)**, indem er sich beispellsweise ein Haus bildlich denkt, vor dem er eingebildet, mithin: mit oder *in einem Bilde* im Sinne steht.

‚**sich eingebürgert haben**‘: Etwas, das zur Gewohnheit des heutigen gemeinen Sprechers geworden ist, habe sich nach seiner Deutung und Benennung „eingebürgert“, mithin: es sei „aus eigener Kraft zum Bürger geworden“ oder aber es sei „in die Bürger hineingewandert“. Bemerkenswert!

‚**sich entscheiden**‘: Aus nhd. ‚ent-‘ und ‚scheiden‘. Die ursprüngliche Nennleistung ist (so ähnlich, wie bei nhd. ‚entkommen‘ oder nhd. ‚entnehmen‘) als „aus etwas scheiden (oder hinauskommen oder herausnehmen)“ zu denken. Der gemeine heutige Sprecher aber verwendet die Namenfolge ‚sich entscheiden‘ als widerdächtigen Ersatz für nhd. ‚wählen‘. Das Ergebniss jeder Wahl steht aber schon wenn auch unbewusst und unbenannt vor ihr fest, denn *jeder Wählende wählt jedes Falles nach dem Gesetze seines vermeintlichen Vorteiles.* So aber ergiebt sich die Frage, ob der Wähler sich oder etwas entscheide? Schon vor der Wahl ist entschieden worden.

‚**sich ereigenen**‘: Für älter nhd. ‚sich eräugnen‘ und ‚eräugen‘; zu nhd. ‚Aug‘. Siehe ‚**Eräugniss**‘!

‚**sich kümmern (um)**‘: zu nhd. ‚Kummer‘, aus mlat. ‚cumbras‘ (= „Verhau, Zusammengetragenes“) entlehnt. Einst kümmerte sich jemand um etwas, das ihm Gegenstand des Kummer oder der Sorge war. Dem heutigen gemeinen Sprecher ist bis her der Verlust des Namens ‚um‘ nicht aufgefallen, den er eigens erwirkte; er kümmert sich nurmehr. Es bleibt allso nur der Kummer um nichts.

‚**sich um etwas handeln**‘: „es handelt sich (darbei) um …“. Der gemeine Sprecher meint mit dieser Phrase etwa „Das Seiende, das ich meine, ist ein …“

‚**sich verändern**‘: aus nhd. ‚sich‘, ‚ver-‘, ‚ander‘; siehe ‚sich ändern‘! Das Andere ist nicht das Eine; andere Unterschiede werden nicht mittels dieses Namens benannt. Ein „Sich-verändern“ setzt ein *eigenes* Änderungsvermögen voraus, das den meisten Seienden mangelt. So *wird* das meiste Gewandelte zwar verändert, doch nicht verändert *es sich.* Allso ab jetzt bitte ‚**verändert werden**‘!

‚**sich verändert haben**‘: Siehe: ‚sich ändern‘ und ‚sich verändern‘! Alles Seiende, das nicht *sich* zu verändern vermag, kann auch nicht *sich verändert haben,* sondern lediglich mag es *verändert worden seien.* Allso statt ‚*sich* verändert (zu) haben‘ („Hier hat sich ja nichts verändert!") ab jetzt bitte nurmehr ‚**verändert worden seien**‘ verwenden.

‚**sich verewigen**‘: seinen Namen etwa in vergängliche Baumrinde einkratzen, ohne die Ewe so zu erreichen. Nur der gemeine Sprecher denkt zu dem Namen ‚ewig‘ „lange, lange Zeit" hinzu.

‚**sich vorstellen**‘: aus nhd. ‚vor‘, ‚stell‘, ‚-en‘. Ein Übel bei ‚sich‘ ist, dass der Fall nicht angezeigt wird. Sei ‚sich‘ im dritten oder im vierten Falle der Einzahl? Sei allo ‚sich vorstellen‘ so *reflexiv* gemeint, wie in der Wendung „er stellte sich höflich seinem neuen Meister namentlich vor", oder als Angabe des Raumdenkens: „er stellte etwas vor sich (und besah es)"?

‚**sich ziemen**‘ ist dem gemeinen Sprecher kaum geläufig. Er verwendet zwar bedenkenlos den Namen ‚ziemlich‘, denkt aber, dieser sei ein Verstärkungsname (wie das vermeintliche ‚sehr‘ oder das unrichtige ‚richtig‘ et c.). Des Namens ‚ziemlich‘ Nennleistung aber ist als „dem Ziemen gleich; was sich ziemt" zu denken. Und zu nhd. ‚ziemen‘ (verwandt mit ‚zähmen‘ und ‚Zunft‘) ist „sich fügen, passen" hinzuzudenken.

‚**sorgen für**‘: ähnlich, wie in ‚sich kümmern um‘ (dar sich jemand um etwas oder jemanden kümmert, das oder der ihm Kummer bereitet), sorgt jemand für jemanden oder etwas, der oder das ihm Sorge bereitet. Der heutige gemeine Sprecher aber denkt, auch das Wetter könne für etwas sorgen: In nahezu jeder Wettervorhersage ist etwa zu hören: „Eine Kaltfront im Osten sorgt für niederige Temperaturen und sogar für Frost". Diese „Front" ist allso *fürsorglich* und *sorgt für* den armen Frost, weil dem gar so kalt ist? Unfug! Allso bitte ersetze ‚sorgen für‘ durch ‚erwirken‘!

‚**soundso**': Ersatz für unbestimmte Namen: „Vor Kurzem traf ich Herrn Soundso", mithin: „Den-und-den", sprich: „Den und den".

‚**so was von**': Dieser Dummspruch als einer der neueren Erfindungen des gemeinen Schwätzers ist ohne eigentliche Nennleistung. Gemeint aber ist etwa „in unnennbahr hohem Maße".

‚**sowieso**', ‚**so wie so**': Die Nennleistung dieser Namenzusammenziehung ist als „so oder anders, aber dennoch geleich" zu denken.

so ziemlich': Die Namenfolge ist ohne eigene Nennleistung, denn „so, wie es sich ziemt" ist nicht gemeint. Der gemeine Sprecher meint mit ‚so ziemlich' etwa „nahezu". Statt „so ziemlich alle Leute" ist besser „*nahezu* alle Leute" zu setzen.

‚**sozusagen**', ‚**so zu sagen**': Einleitung einer Metapher, Metonymie oder sonstwie übertragenen Benennung: „Der Mond ist sozusagen ein Trabant der Erde".

‚**unschuldige Sprache**'. In der Sendung namens ‚Hart aber fair' mit Frank Plasberg am 05.10.2020 ward die „Unschuldige Sprache" thematisiert und controvers besprochen. Der eingeladene Schriftsteller Jan Weiler („Das Pubertier") vertrat die These, nicht die Sprache müsse aus Discriminierungen befreit, sondern die Discriminierten müssten darheraus befreit werden. „Die Sprache" habe darmit nichts zu tuen; sie sei unschuldig. Das fanden mindestens zweie der geladenen Sprecher als „ungut", die „die Schuld" in Sprache und Denken als „unabdingbahr" erachteten.
Eine „unschuldige Sprache" ist als eine „Sprach*gestaltung* ohne Soll- und Schulddenken" zu erachten (siehe ‚**Unschuld**'!). Die Nennleistung des Namens ‚schuldig' ist als „durch Schuld (und

somit durch Soll) bestimmt" zu denken. Eine Sprachart wird als „schuldig" (mithin: als durch Schuld bestimmt) *gestaltet*, sobald in ihr „die Schuld" als ein fester Bestandteil eingefügt wird. Genau dies versuchen beispellsweise die Genderisten zu erreichen: jeder Sprecher *soll* in der *Bringschuld* stehen, den Gender-Unfug mitzutragen, indem auch er „gendert". Allein aus diesem Grunde schon ist dieser Mumpitz abzulehnen.

‚unsterblich werden': Gemeint ist, dass jemand durch eine Aufsehen erregende Tat oder ein besonderes Eräugniss so bekannt geworden sei, dass er nie vergessen werde. Sterben muss er darnach dennoch; so, wie sogar Jeschua Ben Joseph. Siehe ‚sich verewigen'!

‚von etwas leben (können)' = Der gemeine Sprecher stellt Fragen wie diese: „Kann man vom Bücherschreiben leben?" Wenn er zur Antwort gesagt bekommt, wie hoch die Geldeinnahmen eines bestimmten ausgezeicheneten Schriftstellers seien, dann denkt er zu wissen, darvon könne man doch leben. Merke: Reiche Leute nicht müssen sterben, denn sie „haben" Geld, von dem man leben kann.

‚vor Allem': wird meist *nach* einer Auflistung aller anderen zu Nennenden gesetzt: „Durch Adam, Beate, Cornelius, Dagmar und *vor* Allem durch Emil ist Alles enstanden." Na, bravo!

‚was für' = wofür? Der gemeine Sprecher fragt nicht, welch sonderbahre Namenfolge dies ‚was für' sei, sondern verwendet sie prüflos nachlauterisch als Ersatz für ‚welch', das er ungern und selten benutzt, weil es ihn so schlimm „altmodisch" dünkt. Statt ‚Welch ein schönes Wetter! ruft er „Was für ein schönes Wetter!" aus. Ein Wetter sei für was (= wofür) schön? Vielleicht fürs Segeln. Aber die wenigsten Sprecher sind Segeler. Und so fragen solche Sprecher denn auch beispellsweise: „Ein Buch?

Was für ein Buch?" Knappe, jedoch treffliche Antwort: „Eines fürs Lesen!"

‚**weit weg**' aus nhd. ‚weit' und ‚weg'. Gemeint ist aber „fern", ohne darbei „einen Weg" oder „eine Weite" jedes Falles mitzubedenken. Allso bitte ab jetzt nurmehr ‚**fern**'!

‚**weiter Weg**' aus nhd. ‚weit', ‚Weg'. Der Weg mag weit oder eng seien, doch der gemeine Sprecher meint darmit zumeist einen „*langen* Weg:: „**Der Weg ist (noch) lang**".

‚**Zeit heilt Wunden**': Der gemeine Sprecher beobachtet, dass manche Genesung lange oder gar länger dauere. So denkt er, die allso geschehende „Heilung" brauche (!) Zeit, und wenn diese vermeinte „Zeit" gegeben sei, dann sei es eigentlich „sie", die als Heilkraft am Werke sei. Aber siehe ‚Zeit'!

Aus der Fremde eingeschleppte und undurchschaute Buchstaben, Namen und Namenfolgen:

Inwiefern schon vor der Anwendung althochdeutscher Namen diese fremder Herkunft waren, ist mangels zu brauchender Schriftzeugnisse schwerlich zu ermitteln, Auch werden noch heute Namen verwendet, die beispellsweise lateinischer Herkunft sind, was jedoch der gemeine Sprecher nicht empfindet, per exemplum nhd. ‚Fenster‘ (aus lat. ‚fenestra‘), nhd. ‚praedigen‘ (aus lat. ‚praedicare‘) et c. Hier werden manche der schon länger eingedeutschen Namen unter der ‚**Liste undurchschauter deutscher Namen**‘ (S. 34) und der der ‚**Undurchschauten deutschen Namenfolgen**‘ (S. 79) geführt. Zunächst aber zwei Anmerkungen zu den hier verwendeten Buchstaben:

Hellenische Buchstaben: Im hellenischen Alphabät sind besondere Buchstaben. Hier gilt: nhd. ‚e‘ für hell. ‚è psilón‘, ‚ä‘ für hell. ‚äta‘ (demgemäß ‚bäta‘, ‚zäta‘, ‚thäta‘), ‚t‘ für hell. ‚taû‘, ‚th‘ für hell. ‚thäta‘, ‚ph‘ für hell. ‚phî‘, ‚o‘ für hell. ‚ò mikrón‘, ‚oh‘ für hell. ‚ôh méga‘, ‚rh‘ für anlautendes hell. ‚rho‘, ‚u‘ für hell. ‚û psilón‘ (hell. ‚psilós‘ = nhd. ‚bloß‘, ‚glatt‘, ‚kahl‘).

Lateinische Buchstaben: Im lateinischen ABC sind kein ‚j‘, kein ‚k‘, kein ‚z‘. Darum werden sie hier mittels ‚i‘, ‚c‘, ‚c‘ ersetzt. Demgemäß bitte ab jetzt: ‚**acceptieren**‘, ‚Adiectiv‘, **bifocal**‘, ‚**Caesar**‘, ‚**Coniunction**‘, ‚**Obiect**‘, ‚**Proiect**‘, ‚**Subiect**‘ et c.

Nun wird eine kurze Liste mit Fremdnamen aufgestellt:

‚**absolut**‘, aus lat. ‚absolutum‘, dem PPP zu ‚absolvere‘ (= „ablösen, loslösen". Die Nennleistung des Teilnahmenamens ‚absolut' ist als „abgelöst (ab dem Materiellen)" zu denken. In heutiger Sprechmode des gemeinen Sprechers ist ‚absolut' ein unverzichtbahres Wichtigtuersatzfüllsel („Das ist die absolute Härte!"). So wird mittels des Namens ‚Absolutismus' nicht nur die einstige monarchische Herrschafftsweise benannt, sondern auch die moderne Sprechweise, in der alles mögliche Relative als ‚**absolut**' benannt wird.

‚**Adiectiv**', entlehent aus lat. ‚(nomen) adiectivum', aus lat. ‚ad', ‚icere', ‚iectum', ‚-iv-'; mithin: „ein Name, der hinzugeworfen (hinzugefügt) wird oder werden kann". Aber ist das nicht für alle Namen der Fall? Gemeint ist aber ein ‚Welchheitsname', denn ‚adelig', ‚blau', chaotisch', ‚debil', ‚eitel' usf. sind Namen, mittels derer *die Welchheit* eines Seienden benannt wird.

‚**Adverb**', entlehent aus lat. ‚(nomen) adverbium', aus lat. ‚ad', ‚verbum', ‚-ium'; mithin: „ein Name, der zu einem Geschehensnamen (alias lat. ‚Verb[um]') hinzugesetzt wird. „Nach seinem bitteren Ende weinte der Unterlegene bitterlich." Siehe auch ‚**fälschlich**'!

‚**Alien**', aus ängl. ‚alien' zu lat. ‚alienus'. Die Nennleistung ist allso als „fremd; Fremder" zu denken; nicht jedoch als „außerirdisch; Außerirdischer" (= „extraterrestrisch; Extraterrist").

‚**ängelisch**', zu nhd. ‚Angeln' (Mz.). Die Angeln an der Schlei segelten über die Nordsee und besiedelten Britannia. Deren Nachfahren benennen sich und ihre Sprachgestaltung mittels des Namens ängl. ‚english'. Dieser Name entspricht jedoch nicht dem Namen nhd. ‚eng(e)lisch', denn dieser ist dem Namen nhd. ‚Engel' abgeleitet. Darzu ‚**Angellan**d' (statt ‚England') oder ‚**Ängland**' und ‚**Ängländer**'.

‚**Anglismus**', aus lat. ‚Anglii' (= „die Angeln in Schleswig") und nhd. ‚-ismus' (hell. ‚-ismós'). Das mittels des Namens nhd. ‚Anglismus' ist als „Gesinnung, zahlreiche Fremdnamen aus der ängelischen Sprachgestaltung zu verwenden" zu denken; siehe ‚**Anglicismus**'!

‚**Anglicismus**', aus lat. ‚Anglii' (Mz.), ‚-ismus'. Die Angeln an der Schlei segelten über die Nordsee und besiedelten Britannia. Deren Nachfahren nennen sich und ihre Sprachgestaltung ängl. ‚english'. Aus dieser Sprachgestaltung oder deren nachgeahmter Mode (alias ‚Weise') werden Namen in die deutsche Sprachgestaltung eingeführt: ‚Anglicismen'. Müssen diese aber so viele und oft so falsche seien und noch vermehrt werden?

‚**Bug**', aus ängl. ‚bug' (= „Käfer, Wanze"); nicht verwandt mit nhd. ‚Bug' (zu ‚nhd. ‚biegen'). Der heutige gemeine Sprecher, der in bedenkenlosem Anglismus änglische Namen in die deutsche Sprachgestalt eindrückt, verwendet den Namen ‚Bug' und denkt unbiologisch „Feeler in einem Rechenerprogramm" hinzu.

‚**binär**', aus lat. ‚binarius' (= „zweifach"). Heute wird zu dem Namen „aus zwei Einheiten, Teilen, Zeichen zusammengesetzt" hinzugedacht. Oder neuerdings peinlicherweise auch „aus zwei Fleischgeschlechtern". Siehe auch ‚**Dichotomie**'!

‚**biologisch**' aus hell. ‚bíos', ‚lógos' und nhd. ‚-isch'. Die Nennleistung dieses Namens ist als „lebenskundig" zu denken. Zu bemerken ist darbei, dass ein als ‚Biologe' benannter Wissenschaffter nicht „des Lebens" kundig, doch nur der Lebens*formen* kundig ist. Das wird oft verwechselt; siehe ‚**psychologisch**'! Zudem wird der Name ‚biologisch' noch missbraucht, um „in der Genealogie" zu benennen („der biologische Vater" et c.).

‚**Chance**', aus frç. ‚chance', zu vlat. ‚cadentia' (= „Gelücksfall der

Würfel") zu lat. ‚cadere' (= „fallen"). Wie der gemeine Sprecher das Schicksal des Menschen mit einem Würfelglücksspiel vergeleicht oder ebensetzt, ist allerdings bemerkenswert. Siehe auch ‚**Chancengeleichheit**' (S. 121)!

‚**Chef**' aus frç. ‚chef', zu lat. ‚caput' (= „Haupt"). Die Nennleistung ist allso als „Kopf des Unternehmens" zu denken.

‚**Civilisation**', ‚**civilisiert**': aus lat. ‚cives' (= „Bürger"). Wer sich *civilisiert* verhält, der benimmt sich *bürgerlich*, aber nicht unbedingt gut. „Die *Civilisation*" ist als „*Verbürgerlichung*" zu denken, nicht als „Anständigerwerdung des Menschen".

‚**Club**', aus ängl. ‚club' (= „Keule; Verein"). Wie geschah diese Nennleistungsverzerrung? Einst war es in Ängland Brauch, Einladungen zu Zusammenkünften des Vereines mit einer Keule, einem Kerbstock oder einem Brett zu versenden. Der Verzerrende war allso der gemeine Sprecher, der einem Namen bedenkenlos eine zweite Nennleistung andichtet.

‚**competent**', aus lat. ‚com', petere' (= „etwas gemeinsamm erstreben"). Der heutige gemeine Sprecher denkt hingegen zu den Namen ‚competent' und ‚Competenz' eher „sachverständig, sich auskennend, befugt" hinzu.

‚**Computer**', aus ängl. ‚computer' zu lat. ‚computare' (= [zusammen-]„rechenen"). Das mittels des anglizistischen Namens lateinischer Herkunft benannte Gerät ist als ein „(Zusammen-) Rechener" zu denken.

‚**Coniunction**', aus lat. ‚con-', ‚iungere', ‚iunctum'. Die Nennleistung des Namens aus der Grammatik ist als „Bindename" zu denken (beispellsweise ‚und') – was nicht viel hergiebt, denn erstens sind auch mittels anderer Namen Satzteile aneinander-

zubinden und zweitens ist die Namensähnlichheit mit ‚Con-
iugation‘, ‚Coniunctionaladverb‘, ‚Coniunctiv‘ und ‚Coniunctur‘
nur verwirrend.

‚Cörper‘ (mhd. ‚korper‘), aus lat. ‚corpus‘ (zweiter Fall [alias
‚Genitiv‘] ‚corporis‘, sechster Fall [alias ‚Ablativ‘] ‚corpore‘. Warum geschieht die Buchstabierung der aus der lateinischen
Sprachgestaltung kommenden Namen nicht einheitlich? Im
Lateinischen werden weder ‚j‘, noch ‚k‘, noch ‚z‘ verwendet. In
der Botanik und der Medicin** (oder in Münster) wird das
‚Corpus‘ (oder das ‚Zentrum‘) mit ‚C‘ geschrieben; darzu:
‚Corpus Christi‘, Corpus delicti‘, ‚Corpus Iuris‘, Corpus Reform-
atorum‘ et c. Wir folgen dem und schreiben Namen, die aus
dem Lateinischen importiert warden, nur mit den in der
lateinischen Sprachgestaltung gegebenen Buchstaben, allso
ohne ‚j‘, ‚k‘, ‚z‘.

‚costen‘, (mhd. ‚kosten‘), zu afrç. ‚couster‘, frç. ‚coûter‘, lat.
‚constare‘, jedoch nicht verwandt mit nhd. ‚kosten‘ = „zu
schmecken suchen“. Allso ab jetzt bitte **‚costen‘** = „einen zu be-
zahlenden Preis tragen“.

‚dämographisch‘ aus hell. ‚dämos‘ (mit ‚äta‘, nicht mit ‚è
psilón‘ an zweiter Buchstabenstelle; siehe ‚**Hellenische Buchstaben**‘, S. 13, S. 94!) und ‚gráphein‘. Demnach wäre die ursprüngliche Nennleistung des Namens ‚dämographisch‘ als
„volksschriftlich; die Volksaufzeichenung betreffend“ zu
denken. Der heutige gemeine Sprecher verwendet den Namen
aber auch, um die Veralterung des Volkes als ein „dämograph-
isches Problem“ zu benennen. Sei die Älterwerdung bei Mangel
jungen Nachwuchses ein Schwerniss der Schreibung oder Auf-
zeichenung der Bevölkerungszahlen? Unfug!

‚dämokratisch‘ aus hell. ‚dämokratía‘, aus hell. dämos‘ und

‚krateîn'. Die Nennleistung ist als „Volksmacht" zu denken (die Übersetzung „Volks-herr-schafft" ist zu bedenken, weil „das Volk" kein „Herr" ist, sondern eine Horde unbeherrschter Modesüchtiger.

‚**demographisch**' siehe ‚**dämographisch**'!

‚**demokratisch**' siehe ‚**dämokratisch**'!

‚**Dichotomie**', aus hell. ‚dichotomeîn' und ‚diatomä' (= „zweiteilen" und „Spaltung"). Die Folge dieser Zweiteilung ist das mittels des Namens ‚Dualismus' (zu lat. ‚dualis' = „zwei enthaltend") benannte Problem des Denkens: sei „das Gute" (oder „das Hohe", „das Licht" et c.) ohne „das Böse" (oder „das Flache, Niedere", „das Dunkel" et c.) zu denken möglich? Diese Zweiteilung wird allgemein als „naturgegeben" erdeutet, ist jedoch allein im Haupte des sprechenden Menschen erdacht worden. Und? Was sei daraus zu schließen? Es ist ein Irrtum., denn „GOTT ist LICHT, und in IHM ist keine Finsterniss" (1. Joh 1,5).

‚**digital**', aus lat. ‚digitalis', zu lat. ‚digitus' (= „Finger, Zeh"). Der Welchheitsname lat. ‚digitalis' ist dem Namen ‚digitus' abgeleitet; wenn dieser Name deutsch als „Finger" zu denken ist, dann ist der abgeleitete Welchheitsname ‚digitalis' als „fingerlich, den Finger betreffend" zu denken. Wie dann aber Sondersprecher prüflos darzu gelangen, „nicht stufenlos Daten oder Signale in Ziffern darstellend (oder dargestellt)" zu diesem Namen lat. ‚digitalis', nhd. ‚digital' hinzuzudenken, bleibt rätselhaft.

‚**Dilettant**' aus ital. ‚dilettante' (= „Laie, sich Erfeuender"), zu lat. ‚delectare' (= „sich erfreuen an"). Dass ein sich an etwas Erfreuender als „Dilettant" verächtlich benannt oder gar verunglimpft wird, ist typisch für den gemeinen heutigen Sprecher.

Problematisch wird der Dillettantismus erst dann, wenn „der ohne Wissenschafft sich an etwas Erfreuende" sich dennoch berufen wähnt, mitzusprechen, als sei er in der Sache ein Wissender.

‚discriminieren', zu lat. ‚discrimen' (= „Unterschied, Scheidekunst"), zu lat. ‚discernere' (= „unterscheiden"). Der heutige gemeine Sprecher verwendet den Fremdnamen nhd. ‚discriminieren' jedoch nicht schlicht unterscheidend, doch (*ab-*)*wertend*, und *ausgrenzend*, ohne dass dies der Name eröffenet oder begründet. Jeder Sprecher mag unter ‚blond', ‚braun', ‚grau-', ‚rot-' und ‚schwarzhaarig' scheiden; mit welcher Begründung aber erlaubt er sich, eine der Farben abzuwerten? Und mit welcher Begründung erlaubt sich der gemeine Sprecher, den Fremdnamen ‚discriminieren' alias ‚unterscheiden' zu verwenden und „(ab-)werten" und „ausgrenzen" hinzuzudenken? Das Schwerniss der Fremden- und Anderenfeindlichkeit ist in den Worten der je anderen Sprecher verborgen, in die nicht (etymo-)logisch prüfend hineingedacht wird, und in den Wertungen, die der gemeine Sprecher gewissenlos vollzieht.

‚Discurs': aus lat. ‚dis-' ‚cursus'; zu lat. ‚currere'; die ursprüngliche Nennleistung ist als „Auseinanderlaufen" zu denken. Heute ist mit dem Namen in der Sprachwissenschafft unter ‚Discurs' „Textgattung" gemeint, beispellsweise: Gedicht, Rede, Referat, Bewerbungsschreiben et c. Auch als „methodisch aufgebaute Abhandelung; Wortstreit" ist die heutige Anwendung des Namens zu denken.

‚dramatisch', aus hell. ‚drâma' (= „Handelung, Schauspiel"), zu hell. ‚drân' (= „tuen, geschehen"). Der Dramen sind zwei Arten: Komödien und Tragödien. Aber dem gemeinen Sprecher gilt alles ihn irgend aufregende Geschehende als „dramatisch", und wenn jemand darbei stirbt, dann gar als „tragisch". Aber *um tragisch zu seien, muss das Unheil dardurch ermöglicht werden, dass es zu vermeiden gesucht wird.* Wann sei das der Fall? Siehe auch ‚tragisch'!

‚**effectiv**', zu lat. ‚effectum', aus ‚efficere' (= „erwirken"). So ist als deutsche Nennleistung zum Namen lat. ‚effectivus' „(in hohem Maße) wirkend, wirksamm" hinzuzudenken.
Darzu auch ‚**Effect**', ‚**Efficenz**' (= „Wirksamm-/Wirklichheit"), ‚**Endeffect**'

‚**Ego**' aus hell. ‚egóh' und lat. ‚ego', urverwandt mit nhd. ‚ich'. Sigmund Freud verwendete den Namen ‚Ego' als Geleichnamen mit nhd. ‚Ich'. „Das Ego" und „das Ich" dachte er sich als „das Selbe". Weil das mittels des Namens ‚Ego' Benannte aber als „etwas Ererbtes", jedoch das mittels des Namens ‚Ich' Benannte als „etwas auf Erden Aufgebautes" zu denken ist, sollte ‚Ego' eher für den Grundgedanken des Iches verwendet werden (nämlich „die Trennung aus der Ganzheit der Schöpfung heraus"), hingegen ‚Ich' für das Ergebniss dieses Heraustrennen (nämlich „Weltmitte und wichtigster Einzelcörpermensch").

‚**egoistisch**' aus lat. ‚ego', ‚ismus', ‚-isch'. Der im Egoismus Befangene ist als ‚Egoist' oder ‚egoistisch' zu benennen. Er wertet sich dem Ego hörig als „Weltmitte und als wichtigster Einzelcörpermensch"; siehe ‚**Ego**'!

‚**Execution**' aus lat. ‚exsecutio' (= „[Ver-]folgung, Durchführung, Vollziehung"), zu lat. ‚exsequi' (= „[ver-]folgen, durchführen"). Der gemeine Sprecher denkt zu dem Namen allerdings ausschließlich „Hinrichtung" hinzu und bleibt darmit oberflach und einseitig.

‚**extra**', aus lat ‚extra' (= „außer, außerdem, außerhalb"). Wenn der gemeine Sprecher anklagend äußert: „Das hast du extra gemacht!" meint er allerdings nicht „außer(dem)", doch schlichtweg „absichtlich". Der Fremdname darfür wäre ,intentionell', aber das weiß der gemeine Sprecher zumeist nicht.

,**fake**' aus ängl. ,fake' (= „unecht, gefälscht"), verwandt mit nhd. ,fegen' (= „Dreck und Staub wegwischen und so den Boden aufschönen"). Die Neigung zu fälschen, zu imitieren oder nachzuahmen ist allen Sprechern ererbter Maßen anteilig. Dem ehrlichen, ernsten Berichterstatter sollte es allerdings fern liegen, zu lügen. Aber dies scheint ein seltener werdendes Berufsethos.

,**fatal**', aus lat. ,fatalis', zu ,fatum' (= „Schicksal"). Die Nennleistung des Welchheitsnamens nhd. ,fatal' ist als „verhängnissvoll, mit „schlimmem" Schicksale verbunden" zu denken.

,**fossil**', aus lat. ,fossilis' zu ,fodere', ,fossum' (= „ausgegraben"). Sei die beim gemeinen Sprecher übliche Verwendung des Namens „fossile Energie" als „einleuchtend" zu erachten?

,**Foto**', siehe ,Photo'!

,**Fraction**' = „Bruchstück": aus frç. ,fraction' zu ,lat. ,frangere', ,fractus' (= „gebrochen"); eigentlich wohl aus lat. ,factio' = „das Tuen; die Rotte"; das ,r' ist mithin secundär. Die Nennleistung des Namens ,Fraction' ist allso nur „Bruchteil", nicht: „die ganze Partei".

,**französisch**', aus frç. ,français', verwandt mit nhd. ,fränkisch'. Die Franken galten als „frank und frei", nämlich als Eroberer und freie Herren.

,**free**', aus ängl. ,free' (= „frei"). Der gemeine Sprecher verwendet den ängl. Namen ,free' zumeist fälschlich als Ersatz für nhd. ,costenlos'. Unfug, denn nichts ist „frei", nur weil es nichts costet. Eine „Freiheit der Costen" aber ist kein „philosophisches Thema", sondern geradezu absurd. Eben so eine „Freiheit" des Alkohols" et c. Siehe ‚alkoholfrei'!

‚**Frustration**', aus lat. ‚frustratio' (= „Täuschung, Verzögerung") und frustra' (= „irrtümlich, vergeblich"). Darzu auch die Geschehensnamenbildung nhd. ‚**frustrieren**', dessen ursprüngliche Nennleistung „täuschen, hintergehen, vereiteln" der heutige gemeine Sprecher nicht beweiß. Stattdessen verwendet er den Namen ‚frustrieren' als Ersatz für nhd. ‚**verdrießen**'.

‚**gendern**', aus ängl. ‚gender' („Genus, grammatikalische Gattung"), aus afrç. ‚gendre', frç. ‚genre', zu lat. ‚genus' (= „Gattung"). Die eigentliche Nennleistung des ängl. Namens ‚gender' enthält kein „Fleischcörpergeschlecht", sondern die drei generischen *Arten* (= ängl. ‚the three kinds') oder Gattungen namens ‚masculinum', ‚femininum', ‚neuterum'. Keine „Geschlechtergerechtheit"!

Darzu ‚**Genderismus**'. Siehe auch ‚**unschuldige Sprache**'!

Der gemeine modehörige Sprecher ist dem Mode-Irrtum verfallen, das „Genus" als „(Fleischcörper-)Geschlecht" zu deuten. Aber eine grammatikalische Gattung ist kein Geschlecht. Mithin: **Mittels der Namen ‚masculinum', ‚femininum', ‚neuterum' werden keine „männlichen", „weiblichen", „sächlichen" (Menschen-)Cörper oder deren Geschlechter benannt, sondern lediglich generische *Namen* innerhalb der Grammatik classificiert.** Eine etymologische Entsprechung (etwa zwischen hell./lat. ‚Ego' und nhd. ‚Ich') ist nicht hinreichend für die Setzung, beide Namen seien „nennleistungsselbig"! Die meisten Genderisten denken dies jedoch willkürlich – ohne eine Rücksprache mit Sprachwissenschafftern! – und verlangen zudem, dass ausnahmslos alle Sprecher sich solch unweisem, absolutistischem Dictat zu beugen und den selben Unfug zu denken hätten. Unduldbahr!

‚**geometrisch**‘, aus hell. ‚geo‘, ‚meter‘. Die Nennleistung des Namens ist als „erdmesserisch, feldmesskünstlich“ zu denken. Wieso gemeine Mathematiker denken, die Nennleistung sei eher als „die Darstellung ebener und räumlicher Gebilde betreffend“ zu denken, bleibt rätselhaft.

‚**Glosse**‘, aus hell. ‚glôhssa‘ (= „Zunge, Sprache, Rede[gabe]“). Die ursprüngliche Nennleistung ist diese. Der heutige gemeine Sprecher denkt „sie“ sich aber als „feuilletonistische oder spöttische Randbemerkung“. Üblich, jedoch unzutreffend.

‚**gratulieren**‘, aus lat. ‚gratus‘ (= „dankenswert“), zu ‚gratia‘ (= „Dank, Güte“). Der gemeine Sprecher allso „dankt“ einem Feiernden zu dessem Gebuhrtstage und findet es „dumm“, wenn jemand dies nicht tut. O prüflose (Sprech-)Sitten!

‚**Handy**‘, zu ängl. ‚handy‘ (= „handlich, nützlich“). In Großbritannien wird das Mobiltelephon mittels des Namens ‚mobile (phone)‘ benannt; in den VSA mittels ‚cell(ular) phone‘. Siehe auch ‚**VSA**‘! Nur pfiffige Dummdeutschsprecher kamen sonderbahrer Weise auf ‚Handy‘

‚**haptisch**‘, aus hell. ‚(h)áptein‘ (= „ergreifen, anfassen“). Dieser selten gebrauchte Welchheitsname liegt vermutlich außerhalb des Horizonts des gemeinen Sprechers.

‚**heidnisch**‘, aus hell. ‚(ta) ethnä‘ (= „die Völker“). Diese waren die polytheistisch ausgerichteten Völker, die Palaestina neben den Juden bewohnten respective um das zumeist jüdisch besiedelte Palaestina her wohnten. Weil sie keine Juden und zunächst zumeist auch keine Christianer (alias ‚Christen‘) waren, blieben sie trotz ihrer vielen Götzen „Gottlose“ oder eben „Heiden“.

‚**Holocaust**‘, aus ängl. ‚holocaust‘. Dieser Name ward etwa anno 1980 einer Fernsehserie über das Schicksal deutscher Juden in der Naci-Epoche gegeben. In der Bibel ward/wird als Name für „Brandopfer" schon der Name lat. ‚holocaustum‘ (aus hell. ‚holókauston‘, zu hell. ‚(h)ólos‘ (= „ganz") und ‚káein‘ (= „verbrennen") verwendet. Die Nennleistung des Namens nhd. ‚Holocaust‘ ist jedes Falles nicht als „Vergasung, Ermordung durch Gas" zu denken, sondern eher als „Ganzverbrennung" – die so nicht statt fand. Inwieweit der heutige historische Revisionismus die derzeit absolutistisch geltende These einer geplanten und eisenhart durchgeführten „Massen*vergasung* in Vernichtungslagern deutscher Nationalsocialisten" eventuell noch revidiere, bleibt abzuwarten.

‚**hypér**‘, aus hell. ‚(h)upér‘ (= „über, über ... hinaus, übermäßig"). Dies findet der gemeine heutige Sprecher aber genau so „besonders gut", wie ‚irre‘, ‚super‘, ‚toll‘, ‚wahnsinnig‘ et c.

‚**ideal**‘, aus lat. ‚idealis‘, zu hell. ‚idéa‘ (= „Gestalt, Aussehen"). Darzu nhd. ‚**Ideal**‘ (= „Vollkommenheitstraum") und ‚**Idee**‘, deren Nennleistung mehr denn nur „Gedanke" ist. Aber als „Gedanke" denkt der gemeine Sprecher sich „die Idee".

‚**identisch**‘, zu lat. ‚id‘, ‚idem‘, ‚identitas‘ (= nhd. „Selbigheit"). Wenn mittels nhd. ‚identisch‘ (‚Identität‘) *das eine Selbe* als „selbig" benannt wird, wie mittels nhd. ‚selbig‘ (‚Selbigheit‘), dann ist zu fragen, was ein Sprecher meine, der über „seine Identität" oder über „die eines Volkes, oder einer Menschengruppe" spricht. Womit seien er oder sie „selbig"? Sie (die Sprecher einer Gruppe mit „Identität") finden zumeist in einer gemeinsammen Sprachgestalt „ihre Identität". Jürgen Trabant: „(auch kleinere Sprachgemeinschafften entdecken) ihre Sprachen als Träger ihrer Identität" („Die Sprache", S. 67,

München 2009). Zumeist aber ist diese heutige Denkmode als „modehörig nachgelauteter Unfug" zu erachten, denn Sprache ist zwar allen Sprechern gegeben, jedoch ist diese Gegebenheit noch kein „Selbigheit". Sonst könnte auch jemand behaupten, alle ;Menschen seien selbig, weil ihnen Allen Atem, Bewissen, Gehöre etc. gegeben sei. In „der Sprache" als Fürstand ist die von je mir bewohnte Welt (ahd. ‚weralt' = nhd. „Menschen-alter") gefügt; selbig aber bin je ich mit meinem Nächsten einzig in und durch den Christus (Joh 15,5).

‚Identität', aus lat. ‚id', ‚idem', ‚identitas' (= „Selbigheit"). Welche „Selbigheit" – mit wem oder mit was? – meint der gemeine heutige Sprecher, der Namen wie nhd. ‚Identität' oder „identitäre Bewegung" verwendet? Auch wenn er bekundet, er suche „die Selbigheit mit der deutschen Cultur oder Sprache", bleibt dies nur Unfug! Das mittels der Namen ‚Cultur' und ‚Sprache' Benannte ist nicht mit ihm selbig, denn er ist in Waar-heit als „Seele" zu erachten, was „Cultur" und „Sprache" nicht sind und auch besten Falles nicht seien können.

‚individuell' aus lat. ‚in' und dividere' (= „teilen"); das „In-dividuum" und das „Individuelle" sind allso als je „Unteilbahres" zu denken. Der heutige Sprecher aber meint mit diesen Namen etwa „jedes für sich verschieden, einzigartig" und wertet dies als „besonders hochstehend". Weil zahllose Sprecher so denken und werten, werden die Wege verstopft; so steckt er eines Tages mit seinem vermeintlich „individuell" ausgestatteten Individ-ualsportwagen so hochwertig „individuell" im gemeinen beweg-ungslosen Stau, wie ein Blutgerinnsel in verschlossenen Ge-fäßen.

‚Individuum', aus mlat. ‚individuum' (= „das Unteilbahre") und lat. ‚in-', ‚dividere' (= „teilen"). Denkt der gemeine Sprecher ernstlich, „jeder Mensch" sei „unteilbahr"? Oder ‚individuell'

verschieden (= „unteilbahrlich verschieden")? Schon jede Vier-
teilung eines verurteilten Delinquenten bewies einst auf der
Cörperebene das Gegenteil. Und der geträumte Inhalt des vorgeblichen **Individualismu**s ist ja gerade die Aufteilung und
Zertrennung des einen Menschen in millionenfache Scherben
des Eigensinnes und der Egomanie.

‚**inficieren**', zu lat. ‚in-' und ‚facere' (assimiliert ‚ficere'), = „an-
machen". Die Nennleistung ist allerdings als „einen Krankheits-
erreger in den Cörper und den Blutkreislauf eines Menschen
bringen" zu denken. Dies empfindet und deutet der heutige gemeine Sprecher weniger als „Anmache" denn die lockende
Werbung seitens zu Cörperlustspielen geneigter geiler Mitmenschen.

‚**intelligent**', zu lat. ‚intelligens', aus ‚inter-legere' (= „zwischen
etwas auflesen"). Heute denkt der gemeine Sprecher, er könne
ermessen und beurteilen, wer „intelligent" sei und wer nicht.
Dass er dies denkt, ja: wähnt, beweist nicht gerade die Größe
seiner Klugheit und seiner Auffassungsgabe.

‚**interessant**', zu lat. ‚interesse' (= „Darzwischenseien"). Auch
hierzu erlaqubt sich der gemeine Sprecher Auslassungen und
Urteil. Den Impfstatus oder die Affären eines Fußballspielers
findet er „total intressant", nicht jedoch die Zusammenhänge
zwischen Politik und Erregerverbreitung oder zwischen verlog-
ener Werbung und Oberflächenpolitik.

‚**Internet**', aus lat. ‚inter' (= „unter, zwischen") und ängl. ‚net'
(= „Netz"). Das „Zwischennetz" oder kurz: „das Netz" ist ein
Dschungel der giftigsten Schlingpflanzen und Schlangen. Wieso
findet der gemeine Sprecher das Netz so „gut und wichtig"?
Vermutlich, weil er findet, „es" sei „so, wie er": scheinbahr klug
und scheinbahr unersetzlich. Kleiner Irrtum!

‚**Jurist**‘, zu lat. ‚ius‘, ‚iuris‘, Mz. ‚iura‘ (= „die Rechte“). Ist aber falsch, denn an einer Universität studiert werden „die Gesetze“, nicht „das Recht“ oder „die Rechte“. Gesetze schließen Unrecht nicht aus (was alle totalitären und menschenverachtenden Regimes beweisen: auch dort gelten Gesetze, jedoch zumeist kein Recht) und sind allso nicht jedes Falles „das Recht“. Somit sei der Name nhd. ‚Iura‘ mittels ‚Leges‘ zu ersetzen (zu lat. ‚lex‘, ‚legis‘).

‚**Katägoríe**‘, aus hell. ‚katá‘ (= „herab, nieder, gegen, entlang“) und ‚agorá‘ (= „Marctplatz, Versammelungsplatz; Rede auf dem Platze“). Die ursprüngliche Nennleistung des zusammengesetzten Namens hell. ‚katägoría‘ ist als „Anklage; Aussageweise; Marctgeschrei“ zu denken. Dieser hell. Name ward schon von Immanuel Kant *missbraucht*, indem er in der „Kritik der reinen Vernunft“ (anno 1781) das von Aristoteles mittels der Namen ‚Katägorien‘ (Mz.) Benannte als „reine Verstandesbegriffe“ oder als „logische Functionen in allen Urteilen“ darstellte (was leider -zigtausendfache unkluge Nachahmung fand!). Zum hell. Buchstaben ‚äta‘ an der vierten Stelle dieses Namens siehe S. 13 und S. 94!

‚**komisch**‘, über frç. ‚comique‘ und lat. ‚comicus‘ aus hell. ‚komikós‘. Die ursprüngliche Nennleistung ist als „nach Art einer Komödie zu lachen bewegend“ zu denken. Der gemeine Sprecher missachtet die Verwandtheit des Namens ‚komisch‘ mit ‚Komik‘, ‚Komiker‘, ‚Komödie‘ und verwendet ihn mit dem Hinzugedächt „merkwürdig, sonderbahr“, lacht jedoch nicht.

‚**kompetent**‘ (siehe ‚**competent**‘),

‚**kosmisch**‘, zu hell. ‚kósmos‘ und ‚kosmeîn‘ (= „ordenen, einrichten“). Das mittels des Namens nhd. ‚Kosmos‘ Benannte ist nicht einfach als „riesiger Raum" oder als „Universum" oder als „Weltall" zu denken, doch als „Ordenung". Auch die Verwandtheit der Namen hell. ‚kósmos' und ‚kosmetikós' (nhd. ‚kosmetisch') sollte zu denken geben.

‚Kritik', **‚kritisch'**, aus hell. ‚kritikós' (zu ‚krísis' = „(Unter-)Scheidung"). Der gemeine Sprecher verwendet den Namen hell. ‚Kritik' als einen Ersatznamen für nhd. ‚Tadel' und ‚kritisieren' als „tadeln, verurteilen". Das Buch namens ‚Kritik der reinen Vernunft' (Immanuel Kant, 1781) aber enthält keinen „Tadel der Vernunft", sondern eine *Beurteilung* derer. Auch mag ein Filmkritiker einem Film und ein Musikkritiker einer Musikaufführung eine gute Kritik schreiben.

‚Kybernetik', aus hell. ‚kubernätikós', ängl. ‚cyber-netics' (= „die Kunst des Steuerns betreffend"), zu hel. ‚kubernätäs' (= „Steuermann"). Wenn der gemeine Sprecher etwa über „Cyber-Angriffe" spricht, dann verrät er, dass er die Zusammenhänge nicht beweiß. Typisch für ihn, dass er dennoch wichtigtuerisch mitredet.

‚lapidar', aus lat. ‚lapidarius' (= „steinern, in Stein gehauen"), zu lat. ‚lapis' (= „Stein, Marmor"). Der gemeine Sprecher beweiß dies zumeist nicht, sonst wären Phrasen wie „Er sagte lapidar, die Toten sind tot." kaum auszusprechen.

‚liquidieren', zu lat. ‚liquidus' (= „flüssig"); Liquidität' (= „Flüssigheit"). Die Nennleistung des Namens ‚liquidieren' ist als „verflüssigen" zu denken. Wer sie hingegen als „töten" denkt, der irrt.

‚logo', verkürzt aus nhd. ‚logisch', aus hell. ‚logikós', zu hell. ‚lógos' (= „Wort, Lehre, Kunde"). Nicht zu verwechseln mit dem **‚Logo'**!

‚**Logo**‘, zu ängl. ‚logotype‘ (= „Drucktype“), aus hell. ‚logós‘ und ‚túpos‘ (= „Schlag, Eindruck“). Das heutige „Marken- oder Firmenzeichen“ ist nicht zwingend „logisch“ – auch wenn der gemeine Sprecher dies vermutet!

‚**manipuliere**n‘ aus lat. ‚manus‘ (= „Hand“) und lat. ‚manipulus‘ (= „eine Hand füllend; Bündel“). Als ursprüngliche Nennleistung des Namens nhd. ‚manipulieren‘ ist etwa „handhaben, mit der Hand verändern“ zu denken, nicht jedoch „übel beëinflussen, unberechtigt eingreifen oder verfälschen“. Siehe auch ‚**Fake-Empfinden**‘!

‚**Märtyrer**‘, ahd. ‚martirari‘, aus hell. ‚martúrion‘ (= „Zeugenaussage“). Dass der Bekennende dies Zeugniss trotz wider ihn angewandter Folter, Marter, Quälerei ablegte (und darunter oftmales starb), verführte den gemeinen Sprecher zu denken, die Nennleistung des Namens ‚Martyrium‘ sei „Folter, Marter“ et c. und die des ‚Martyrers‘ sei „Gefolterter“.

‚**massiv**‘, aus frç. ‚massif‘, zu lat. ‚massa‘ (= „Masse“); die Nennleistung ist: „durch Masse bestimmt“. Der gemeine Sprecher verwendet diesen Namen allerdings oft als vermeintes Synonym für „viel“ („massiv getrunken“) oder „intensiv“ („massiv unter Druck gesetzt“) etc.

‚**Materie**‘, zu lat. ‚mater‘ (= „Mutter“). „Mutter Erde“ giebt uns alle Mater-ie, die wir kennen. Darzu ‚**materiell**‘.

‚**Migrationshintergrund**‘, aus lat. ‚migrare‘ (= „auswandern“) und nhd. ‚Hintergrund‘. Der namenlose gemeine Sprecher, der diesen unweisen Namen erfand, scheint zu dem Hauptnamen nhd. ‚Hintergrund‘ nicht „hinterer Grund hinter einem Vordergrunde“ hinzuzudenken. Er hätte vielleicht auch die Sache der

Herkunft eines Einwanderers mittels der Namenfolge ,ein Mensch **ausländische(r) Herkunft**' benennen mögen. Aber vermutlich dünkte ihn der Name ,ausländisch' schon als „discriminierend" (was Stuss wäre, denn jeder Mensch ist gemessen an der Begrenztheit seines Landes immer auch Ausländer ohne Abwertung!).

,**Minister**', zu lat. ,minister', zu ,lat. ,minor', verwandt mit lat. ,ministrare' und nhd. ,Ministrant'. Dieses Namens Nennleistung „Diener" scheint den meisten Frauen und Herren Politiker, die des Ministeramtes sind, nicht geläufig zu seien oder aber sie als „erlässlich" zu dünken. Jedes Falles sprechen und tuen sie zumeist so, als seien sie „Chefs" (siehe auch unter ,**Therapie**'!).

,**Mode**', zu frç. ,mode', aus lat. ,moda' = „Weise"). Der gemeine Sprecher denkt, die Nennleistung des Namens nhd. ,Mode' sei ausschließlich „Kleidermode". Er irrt so, wie immer. Auch sind beispellsweise Sprech- und Denkmode zu beachten, der er unbewissentlich modehörig verfallen ist.

,**Monitoring**', aus ängl. ,monitoring' (= „Bildschirmung"), zu ängl. ,monitor' (= „Bildschirm; Mahner, Warner, Ratgeber"), zu lat. ,monitus, ,monere' (= „ermahnen, warnen"). Stillos.

,**Musik**', ahd. ,,' aus hell. ,mousiká' (= „die Musischen, Dichtung, Poësie, Tanz, Wissenschafft"). Inwiefern das neuzeitige hohle oder schrille Getön, das dem gemeinen Sprecher gefällt, den Namen hell. ,Mousik' verdiene, ist schwerlich zu bestimmen. Jedes Falles wirken „die Musen" (die neun Töchter der „Mnämosúnä") heute deutlich minder inspirierend als sie es einst taten.

,**naiv**' aus frç. ,naïf', zu lat. ,nativus' (= „angebohren, natürlich"). Der gemeine Sprecher denkt zu dem Namen eher „kindisch, dumm" hinzu statt „angebohren, natürlich".

‚**Obiect**‘, aus lat. ‚ob‘, ‚iectum‘, zu lat. ‚obicere‘, aus lat. ‚ob‘ und ‚iacere‘. Die Nennleistung des Namens ‚Obiect‘ ist als „Entgegengeworfenes, Entgegengesetztes, Gegenwurf und Gegenstand" zu denken, obwohl „Gegenstand" eigentlich mittels des Namens ‚Obstanz‘ benannt werden sollte (siehe ‚**Substanz**‘!).

‚**olfactorisch**‘, aus lat. ‚olfacere‘ (= „riechen"). Die Nennleistung ist als „den Riechnerv betreffend, riechend" zu denken und ist nicht mit nhd. ‚Factor‘ verwandt.

‚**orientalisch**‘, aus lat. ‚oriens (sol)‘ [= „aufgehende (Sonne)"], zu lat. ‚oriri‘ (= „aufgehen, sich erheben"). Das mittels des Namens nhd. ‚**Orient**‘ benannte Land liegt im Osten. Allso etwa das Land namens ‚Marokko‘ als „orientalisch" zu benennen, ist Unfug.

‚**Paradigma**‘, aus hell. , pará‘ (= „entlang, bei, neben") und hell. ‚deiknúnai‘. Die Nennleistung ist als „gezeigtes Beispell oder Muster" zu denken. Der gemeine Sprecher verwendet diesen Namen hauptsächlich wichtigtuerisch als Ersatz für „Musterbeispell", um zu prahlen.

‚**Parameter**‘, aus hell. ‚pará‘ (= „entlang, neben") und ‚meter‘, zu hell. ‚metreîn‘ (= „messen"). Die Nennleistung ist als „kennzeichenende Messgröße" oder als „(un-)veränderliche Messgröße" zu denken. Der gemeine Sprecher verwendet diesen Namen hauptsächlich wichtigtuerisch als Ersatz für „Messbeispell", um zu prahlen.

‚**passieren**‘, aus frç. ‚passer‘ (= „vorübergehen, durchreisen; geschehen"). Zur Nennleistung sind allso mehr Durchreisende zu bedenken als einzig das zu beobachtende Geschehen. Darzu ‚**en passant**‘, ‚**Pass**‘, ‚**Passage**‘, ‚**Passagier**‘, ‚**Passant**‘, ‚**passé**‘

,**Person**', aus lat. ,persona' (= „Masque, Theaterrolle"), vermutlich etruskischen Ursprunges. Der gemeine Sprecher denkt zu diesem Namen (Ez.) „Individuum" und (Mz.) „lebende Cörper". Hinzu. Er nennt „den Menschen" eine „Person", denn er schaut ihn nicht als „Seele", weil „die Person" „die Seele" masquiert.

,**Persönlichheit**': Siehe S. 122!

Photo', aus hell. ,phôhs' (= „Licht"). Der Name nhd. ,Photo' ist die Verkürzung aus nhd. ,Photographie', aus hell. ,phôhs' und ,graphie' (zu ,graphein'). Heute verkürzt ,Photo' (oder ,Foto', nicht jedoch in ,fotographisch' oder ,fotographieren', was uneinheitlich eindeutschte) leichthin als „Synonym" für „Bild" zu verwenden ist so, wie ,Auto' für „Motorkutsche, Wagen", nämlich: unzutreffend oder falsch. Auch in ,**Photographie**', ,**photographieren**', ,**photographisch**' et c.

,**Phrase**' aus hell. ,phrásis'. Die Nennleistung ist als „erstarrte, prüflos nachgelautete, undurchdachte Namenfolge" zu denken.

,**Politik**', aus frç. ,politique', aus hell. ,politikós' (= „bürgerlich, öffentlich, staatlich"), zu hell. ,polis' (= „Stadt, Burg, Staat"). Das Gerede, das heutige Politiker von sich geben, mag zwar Staat und Städte betreffen, ist allerdings wenig erbaulich. So ist als Nennleistung des Namens ,Politik' etwa „Gerede und Getue in Sachen des Staates" zu denken.

,**praedigen**', ahd. ,predigon', zu lat. ,prae-' und ,dicare' (= „voransagen"). Darzu ,**Praedict**' (= „Verkündigung"). Das angebliche, vom gemeinen Sprecher unerhörte, missbenannte „Wort Gottes" musste ihm seit je her „vor(an)gesagt" werden. Dass „das Wort Gottes" *die Sprache ist*, die „Gott" dem Menschen gab, sodass er je seine kleine vergängliche „Welt" erdeuten, benennen, erfügen konnte, begreift er noch heute nicht, denn er missbraucht „die Sprache" nur, um zu labern und zu lügen. Darzu ‚gepraedigt', ‚Praediger' et c.

‚principiell': aus lat. ‚principium' (= „erster Setzung, erster Grund"), zu ‚princeps', ‚primus', ‚prior' und ‚capere'. Der gemeine Sprecher denkt und beweiß Solches nicht, sondern verwendet den Namen „im Princip" als Ersatz für „eigentlich", ohne allerdings darbei an „Eigentlichheit" zu denken.

‚professionell': aus lat. ‚professio' (= „Bekenntniss"). So ist ein ‚Professor' als ein „Bekenner" zu denken. Der gemeine Sprecher hingegen versteht unter „Profi" (alias „professionell Arbeitender") eher einen „wohlerfahrenen Experten".

‚Proiect', aus lat. ‚pro', ‚iectum', latinisiert aus frç. ‚projet', das seinerseits aus lat. ‚proiectare' abgeleitet ward. Die Nennleistung ist als „entwerfen, an die Wand werfen, hinaustreiben" zu denken.

‚provocieren' aus lat. ‚provocare' (= „heraus- oder hervorrufen"). Der gemeine Sprecher deutet die Nennleistung dieses Namens eher als „reizen, frech und bös seien". Mittels des Ausspruches „Er hat mich provociert!", versucht er, eine Rechtfertigung darfür zu erlangen, jemandem Prügel verpasst zu haben.

‚psychologisch' aus hell. ‚psuchä' und ‚-logie' (dies zu hell. ‚lógos', ‚logikós'). Die ursprüngliche Nennleistung ist „seelenkundig", was jedoch eine Verwechselung wenn nicht gar eine Anmaßung ist. Der „Seele" ist auch kein „Psycholog" kundig – weswegen er trefflicher mittels des Namens ‚Egologe' benannt werden sollte. Und so ist beispellsweise das mittels des Namens nhd. ‚Eifersucht' Benannte kein „psychologisches Problem", sondern ein „Problem, mit dem Psychologen sich befasssen".

‚Qualität', aus lat. ‚qualitas', zu lat. ‚qualis?' = („welch, wie beschaffen?"). Der gemeine heutige Sprecher denkt zu dem Namen nhd. ‚Qualität' ausschließlich *„gute* Beschaffenheit" hinzu; eine schlechte schließt er prüf- und gedankenlos aus. Das ist so falsch, wie ‚Kritik' jedes Falles als „schlecht" zu werten.

‚quasi', aus lat. ‚qua si' (= „wie wenn"). Der gemeine Sprecher neigt darzu, diesen Namen ‚quasi' zu verwenden, als sei dessen Nennleistung etwa „gewisser Maßen" oder „sozusagen". Unfug!

‚radical', zu lat. ‚radix' (= nhd. „Wurzel, Rettich"). Die Nennleistung des Namens lat. ‚radicalis' ist als „würzelig, die Wurzel betreffend" zu denken. Und dann seien Extremisten „radical"? Bedächten sie Wurzeln, leisteten sie eher als Gärtener statt als Politiker.

‚realisieren', zu lat. ‚realis' (= „dinglich, sächlich"), zu lat. ‚res' (= „Ding, Sache"). Demnach ist die Nennleistung des Namens ‚Realität als „Dinglichheit, Sächlichheit" zu denken. Der gemeine Sprecher jedoch deutet sie nur als „Wirklichheit" [welche eher dem Namen lat. „efficientia" entspricht (zu lat. ‚efficere' = „erwirken"); Meister Eckhard übersetzte sie als ‚actualitas']. Ähnlich fälschlich deutet der gemeine Sprecher die Nennleistung des Namens ‚realisieren'. Diese ist als „real zu werden bewegen, verdinglichen" zu denken; er jedoch deutet sie so, wie die ängelisch Sprechenden, als „bemerken, einsehen, die (vermeinte, lediglich erdeutete) „Realität" vernehmen". Unfug!

‚Realität': siehe **‚realisieren'**!

‚relativ', über frç. ‚relatif', aus lat. ‚relativus' (= „bezüglich") zu lat. ‚referre', ‚relatum'. Das „Relative" ist der Gegendacht zu dem

„Absoluten". Siehe ‚absolut'!

‚Sanction', entlehent aus frç. ‚sanction', zu lat. ‚sanctio' und ‚sanctum'. Die eigentliche Nennleistung des Namens ‚Sanction' ist als „Weihung" zu denken (nicht: „Heiligung", denn „durch Heil bestimmt" = „heilig" wird nichts, das es nicht schon aus der Ewe her ist). Aber statt „Weihung" denkt der heutige gemeine Sprecher zu dem Namen ‚Sanction' „Billigung"; oder aber gar „Bestrafung" hinzu. Grober Unfug! Darzu ‚sanctionieren'.

‚Science-Fiction', aus ängl. ‚science' (= „Wissenschafft") und ‚fiction' (= „Dichtung"). Die Nennleistung „Wissenschafftsdichtung, Roman mit erdichteter Technologie-Wissenschafft" gilt dem gemeinen Sprecher nicht; er denkt zu dem Namen ‚Science-Fiction' etwa „Zukunftsmärchen, -film" hinzu.

‚social', zu lat. ‚socialis' (= „gesellig"). Demnach ist die Nennleistung der Namenfolge ‚social schwach' als „gesellig schwach" zu denken. Welch ein Unfug! Bedenke auch: ‚social benachteiligt'!

‚Standard', aus ängl. ‚standard' (= „Standarte, Fähnlein"), aus afränk. ‚standord" (= nhd. „Stand-Ort"). Was der gemeine heutige Sprecher zur „Standardsache" declariert, ist allerdings erstaunlich (‚Standardwert', ‚Standardmodell', ‚Standardmensch', ‚Standardkleidung', ‚Standardfrage' et c.). Gemeint wird darmit aber eher „Durchschnitts-", „Muster-" oder „Normal-".

‚Subiect', aus lat. ‚sub', ‚icere', ‚iectum'; im Lateinischen eine Lehensübersetzung aus hell. ‚hupokeímenon' (= „Darunter- oder Zugrundeliegendes"), zu hell. ‚hupo-keîsthai' (= „darunterliegen"). Die Nennleistung des Namens ‚Subiect' ist als „Unterworfenes, Unterliegendes" zu denken (darbei mittels dieser Namen nicht das Unterliegen oder Unterwerfen eines besiegten

Gegeners benannt wird, sondern ein „Zugrundeliegen" des „Grundes, darauf etwas aufgebaut wird").

‚Substantiv‘, aus lat. ‚sub‘, ‚stare‘, ‚stans‘ (PPA), ‚substantia‘. Aus dem mittels des Namens ‚Substanz‘ benannten „Darunterstehenden" (siehe ‚**Substanz**‘!) ward der Name ‚Sub-stantiv‘ abgeleitet, dessen Nennleistung als „(dem Satze) Zugrundeliegendes" zu denken ist.

‚**Substanz**‘, aus lat. ‚sub‘, ‚stare‘, ‚stans‘ (PPA), ‚substantia‘ = „Darunterstehendes". Zumeist leider nur materiell gedacht, aber bedenke ‚**Substantiv**‘!

‚**super**‘, aus lat. ‚super‘ (= „über, darüber, obenauf"). Siehe auch ‚**hyper**‘, ‚**irre**‘, ‚**toll**‘, ‚**wahnsinnig**‘! Dem gemeinen Sprecher gilt all das mittels dieser Namen Benannte als „besonders gut und irre wichtig".

‚**Teleskopschlagstoc**k‘, aus hell. ‚télos‘ und ‚skopeîn‘ und nhd. ‚Schlagstock‘. Nur weil der *Auszieh*schlagstock so, wie ein Fernrohr auszuziehen ist, muss er als „Teleskop-Schlagstock" benannt werden?! Solch wichtigtuerische Namenbildung ist so untrefflich, wie „Ziehharmonika-Bus" statt ‚*Gelenk*bus‘. Typisch für den gemeinen Sprecher.

‚**theohrätisch**‘, aus hell. ‚theohrätikós‘. Wenn aber „die Theohrie" als „Anschauung, Zuschauen" zu denken ist (siehe ‚**Theohrie**‘!), wie mag dann „theohrätisch" nur als „denkmodellartig" gedacht werden?

‚**Theohrie**‘ aus hell. ‚theoría‘ (= „Anschauung, Zuschauen; Wissenschafftsmodell"). Alle Anschauung des Menschen geschieht ihm nicht ohne ererbte Vorgaben (alias ‚a priori‘; siehe: Kant, „Kritik der reinen Vernunft", Hamburg 1956). Dies möge in der Bedenkung einerlei welcher „Theorie" ergründet und bedacht werden!

,theoretisch', ,Theorie' siehe: , theohrätisch', ,Theohrie '!

,Therapie', aus hell. ,therapeía' = „Dienst". Wie viele „Thera-
peuten" gebährden sich aber so, als seien sie die „Chefs", die
ihre zumeist wehrlosen Dulder (alias ,Patienten') herablassend
heißen, was sie tuen oder lassen müssten? Somit ist auch zu
dem Geschehensnamen nhd. ,therapieren' lediglich „dienen,
helfen" hinzuzudenken und zu nhd. ,Therapeut' nur „Diener"
(so, wie zu dem Namen nhd. ,Minister'; siehe dort!).

,total', aus lat. ,totalis', zu ,totus' (= „ganz, gänzlich"). Für den
Pauschalismus und Totalitarismus des zwanghaft undifferenz-
iert denkenden, gemeinen heutigen Sprechers ist der Name
nhd. ,total' ein *total* genehmer, bequemer Name.

,tragisch', aus hell. ,tragikós', zu ,trágos' (= „Bock"); darzu
,tragohdía' (= „Tragödie"). Die Tragödie stellt das Unheil dar,
das dardurch ermöglicht wird, dass es zu verhindern versucht
wird. So ist das Sterben eines Menschen „tragisch", der gerettet
werden sollte und erst dadurch stirbt. Dem gemeinen heutigen
Sprecher gilt Alles als „tragisch", wenn nur jemand stirbt.

,Training': zu ängl. ,(to) train' (= „[auf-/er-]ziehen"), über frç.
,trainer' aus lat. ,trahere' (= „ziehen"). Aber dem gemeinen
Sprecher missfiele es, einen „Trainer" mittels des Namens ,Er-
zieher' zu benennen.

,UN(O)', siehe ,VN'!

,USA', siehe ,VSA'!

,utopisch' aus hell. ,ou' (= „nicht") und ,tópos' (= „Ort"). Die

Nennleistung des Hauptnamens lat. ‚utopia' ist als „Nichtort, nirgendwo" zu denken. Dem gemeinen heutigen Sprecher ist dies einerlei, denn er denkt zu dem Namen nhd. ‚utopisch' nur „zukunfsartig, science-fiction-mäßig" hinzu. Siehe auch unter ‚**Science-Fiction**'!

‚**Vintage**', aus ängl. ‚vintage'. Der Name wird heute vom gemeinen Sprecher gebraucht, als sei des Namens eigentliche Nennleistung etwa „älter und gebraucht, aber wieder in Mode". Aber das ist Unfug! Mittels des Name ängl. ‚vintage' wird in Ängland „der Jahrgang eines Weines" benannt oder mittels ‚vintage wine' ein „edeler Jahrgangswein". Mittels der irren Namenfolge ‚vintage car' allerdings ein „Vorkriegswagen". Nicht zu fassen!

‚**VN**', zusammengezogen aus ängl. ‚United Nations (Organisation)'. Diese Namenfolge übersetzen wir in deutsche Sprachgestalt als „Vereinte Nationen (Organisation)", abgekürzt: die **VN** mit Sitz in Neu York.

‚**VSA**', zusammengezogen aus ängl. ‚United States of America'. Diese Namenfolge übersetzen wir in deutsche Sprachgestalt als „Vereinigte Staaten Amerikas", abgekürzt: die **VSA**.

‚**Web**', aus ängl. ‚web' (= „gewobener Stoff; gewobenes Gefüge"), verwandt mit nhd. ‚weben'. Wer aber wob „das Unternetz", darin sich der gemeine heutige Sprecher verfängt und verfangen hat und es nicht bemerkt, weil er denkt, er werde darin so bequem unterhalten?

‚**Zombie**', aus kongol. ‚nzambi' oder ‚zumbi (fetish)'. Die ursprüngliche Nennleistung dieses westafrikanischen Namens ist kaum in deutsche Sprachgestaltung hineinzuübersetzen, aber der gemeine Sprecher scheint ihr in dessen Gebaren zu entsprechen: „so, wie ein Toter, aber dem Willen eines Anderen folgend".

‚**Zypriot**' aus hell. ‚Zupri' (= „Bewohner Zyperns"). Der heutige gemeine Sprecher nennt diesen Bewohner dümmlich ‚Zyperer' – statt ‚Zypriot'!

Vermischungen der Namen und Namenfolgen aus deutschen und fremden Quellen:

‚akadämlich‘, aus hell. ‚a-ka...‘ und nhd. ‚dämlich‘. Diese Verunglimpfung des Hauptnamens hell. ‚akadämía‘ (= nhd. „Akadämie") respective des dem abgeleiteten Welchheitsnamens ‚akadämisch‘ ist zu akadämisch ausgebildeten Fach-Idioten zurückzuführen.

‚alkoholfrei‘, aus arab. ‚alkuhl‘ und nhd. ‚frei‘. Gemeint ist aber mit diesem Namen nicht „die Freiheit des Alkohols", sondern dass ein Getränk (eine Speise, et c.) *alkohollos* sei.

‚Aufclärung‘, zu nhd. ‚auf‘, ‚-ung‘ und lat. ‚clarus‘ („hell, licht, durchsichtig"). Dem gemeinen Sprecher wird auch durch die angebliche „Aufclärung" das Meiste nicht clar.

‚Berufsethos‘, auf nhd. ‚Beruf‘ und hell. ‚äthos‘ (= „Wohnort, Gewohnheit, Sitte"); weil im hellenischen Alphabät ‚äthos‘ mit ‚ä‘ buchstabiert, wird, statt mit ‚è psilón‘, schreiben wir diesen Namen nhd. ‚Äthos‘. Dem gemeinen Sprecher liegen das Wort und auch dessen Inhalt, mithin: das Gemeinte fern. Das Gemeinte ist, dass jemand, der etwas zu tuen oder auszuüben berufen ist, dies der Berufung gemäß ehren- und gewissenhaft betreiben sollte. Dies verlangt der gemeine Sprecher gern von seinen Mitmenschen, jedoch nur bedingt von sich.

‚Chancengeleichheit‘, aus ‚chance‘, nhd. ‚ge-‘, ‚leich‘, ‚-heit‘. Eine Gelegenheit (= „in einer Lage liegend") als „Chance" zu werten, ist zwar dem gemeinen Sprecher üblich, bleibt jedoch subiectiv und oberflach. Die angeblichen „Chancen" sind schon insofern nicht geleich oder ebenverteilt, als offensichtlich nicht jeder Sprecher sie bekommt oder vorfindet. Aber sie für alle Menschen oder deren Kinder zu fordern, einerlei wie groß deren Erb-, Lern- und Denkvermögen ist oder über wie viel Geld sie verfügen können, ist geradezu Wahnsinn. Aber genau dies tuen heutige Grüne und Linke: sie bekunden, alle Menschen seien gleich in Chancen und Rechten. Schön wäre es! Aber wie wäre es, zunächst *den geleichen Blick* auf die Tiefe aller Menschen zu richten?

,**Deppenapostroph**', aus oberd. ,Depp' (= nhd. „Taps", zu nhd. ,tappen') und hell. ,apóstrophos'. Der „Depp" ist kein Schlaumeier; der gemeinte Apostroph ist der des zweiten Falles eines Namens, dem ein ,s' anzuhängen ist. Des ,Kunos Kneipe' ist richtig; „Kuno's Kneipe" hingegen ist falsch und „deppert".

,**Fake-Empfinden**', aus ängl. ,fake' (siehe ,**fake**', S. 102) und nhd. ,Empfinden': nach Bernhard Pörksen sei dies Fake-Empfinden eine Volks- oder allgemeine „Stimmung des empfundenen Manipuliertwerdens".

,**förmlich**' aus lat. ,forma' (= „Gestalt") und nhd. ,-lich' (= „geleich"). Die Nennleistung des Namens ,förmlich' ist eigentlich als „gestaltgleich" zu denken, jedoch denkt der heutige gemeine Sprecher etwa „steif; geradezu, gewisser Maßen" („Du drängst Dsich mir förmlich auf") hinzu (was falsch ist).

,**Genderleitfaden**', aus ängl. ,gender' (siehe dort) und nhd. ,Leitfaden'. Gemeint ist mit diesem dummdeutschen Namensconstruct etwa „Genus-Regeln für jene Sprachgestaltung, darin der Mensch fleischgcörperlich nach Geschlechtern geschieden wird". Diese Regeln sollen für ein Amt, einen Betrieb, ein Chaos gelten. Und weil diese Regeln angeblich freiwillig seien, müssen Alle mitmachen, weil sie sonst gefeuert werden. Derzeit laufen zahllose Processe vor deutschen Arbeitsgerichten (bitte beim VDS anfragen, der die unschuldig Leid Tragenden unterstützt!).

‚Handyvertrag‘, aus pseudoängl. ‚handy‘ (= „handlich, nütz-lich") und nhd. ‚Vertrag‘. Wieso nicht ‚Mobiltelephonvertrag‘? Siehe ‚**Handy**‘ S. 104

‚im Endeffect‘, aus nhd. ‚End(e)‘ und lat. ‚Effect‘ (= „Erwirk-tes"). Nur der gemeine Sprecher maßt sich an, benennen zu können und zu wissen, was „im Endeffect", mithin: was *am Ende des Wirkens erwirkt werde*. Klügere Sprecher schweigen hier lieber.

‚**katägorische Ablehnung**‘ aus hell. ‚katägoría‘ und nhd. ‚Ab-lehnung‘. Mittels dieser Namenfolge aus dem Phrasenvorrat des gemeinen Sprechers sollte etwa „Ablehnung nach Katägorien" gemeint seien. Aber der gemeine Sprcher repetiert einfach die von ihm undurchdachte Phrase. Siehe ‚**Katägoríe**‘!

‚**Oberflächenkatägorismus**‘ aus nhd. ‚Oberfläche‘, hell. ‚Kat-ägorìa‘ und ‚-ismus‘. Der heutige gemeine Sprecher denkt, er könne und wisse Seiendes auch ohne tiefer reichendes Studium ein(zu)schätzen und in vermeinte „Katägorien" (alias ‚Schub-läden‘) einteilen. Das überfordert sein Sprechvermögen aller-dings bei Weitem.

‚**Persönlichheit**‘, aus lat. ‚persona‘ (= „Masque, Theaterrolle"), vermutlich etruskischen Ursprunges (siehe ‚**Person**‘!). Zu dem Namen wird vom gemeinen Sprecher eine unbedingte Gutheit hinzugewertet, so, wie zu dem Namen ‚Qualität‘.

‚**Schwundgrammatik**‘, aus nhd. ‚Schwund‘ und hell. ‚Gramm-atik‘. Gemeint ist die nach Jahren des Abbauens und Zerstörens durch Verwaltungsbeamtete, dummgrüne Politiker und linke Sprachverpfuscher überig gebliebene Grammatik der deutschen Sprachgestaltung.

‚Sofortcommentar', aus nhd. ‚so', nhd. ‚fort', lat. ‚comment-
are' (Bernhard Pörksen: ‚commentierender Sofortismus' des gemeinen Sprechers, der nicht tiefer bedenkt, sondern unverzüg-
lich Alles zu wissen denkt – was nicht zutrifft!).

Zu b) die Ebene der Beugungsweisen der Namen

Die stark gebeugten Geschehensnamen geraten zunehmend aus
der Sprech- und Denkmode des gemeinen Sprechers. Statt beispellsweise „der Bäcker bäckt und buk" und „falls er büke, be-
kämen wir frisches Brot" wird uns heute „der Bäcker backt und
backte" und „falls er backen würde, würden wir frisches Brot
bekommen." geboten.
Hauptsächlich werden vom gemeinen Sprecher die Gestalten
der Verginge (alias ‚Präteritum') und der daraus abgeleiteten
Gestalten der Bedingung und des Unwirklichen (alias ‚Coniunctiv II', ‚Condicionalis', ‚Irrealis') weder gelernt noch angewandt noch verstanden. Schon die Belehrung solcher Sprecher
in der Schule ist aussichtslos, weil die zu Belehrenden „wissen",
dass sie die Schülermehrheit darstellen, die nicht allesammt be-
straft werden. Und ohne Bestrafung verweigern sie das Lernen,
weil dies ihnen – wie allen Unbegabten, Faulenzern und De-
generierten – keinen „Spaß mache".
Auch die Gestalten der Fälle der Haupt- und Welchheitsnamen
werden höchstens ungern gelernt und verbreitet. Besonders der
„zweite Fall" (Genitiv) sollte abgeschafft werden – ginge es nach
solch lernunwilligen Schülern. Eine Ersetzung durch wirre
‚von'-Gebilde ist heute allgemein üblich. Beispell: „Der Sender
zeigt ein Porträt *von* Robert Habeck." Ach, ja? Arbeitet dieser
auch als Maler? „Gezeigt wird ein Porträt *des* Ministers Robert
Habeck."

Zu c) die Ebene der Schreibweisen der Namen

Trotz zahlreicher angeblicher „Rechtschreibreformen" lässt die geforderte und allgemein angewandte Schreibweise der Namen zu wünschen übrig.

Der Buchstabe ‚s' beispellsweise dient am Ende eines gebeugten Haupt- oder Welchheitsamens als Anzeiger des zweiten Falles Ez. „abends", „des Frühlings Freuden", „morgens", „nirgends wird des Wohles gedacht" et c. Dem gemeinen Sprecher ist es zunehmend einerlei, ob der zweite Fall verwendet oder ob dies durch ein ‚-s' angezeigt wird. Statt „das Haus meines Vaters" spricht er bevorzugt: „Das Haus *von* meinem Vater".

Der Buchstabe ‚e' dient am Ende eines gebeugten Haupt- oder Welchheitsamens als Anzeiger des dritten Falles Ez. „das Kind im Manne", „Dem deutschen Volke", „im Sinne des Erfinders", „wie es im Buche steht" et c. Dem gemeinen Sprecher – auch wenn er als Journalist arbeitet – ist dies einerlei. Alle Namen werden gewaltsamm nivelliert; das passt den Pauschalismus-Knechten leichter in den Kram.

Wenn ein Name aus der ängelischen Sprachgestaltung kommt, dann schreiben wir ihn auch so: etwa ‚Callcenter', ‚Champion', ‚checken', ‚Club', ‚Computer', ‚Couch', ‚crunchy' et c.

Wenn er aber aus der lateinischen Sprachgestaltung kommt, dann buchstabieren wir ihn um: etwa ‚Konjunktiv' (statt ‚Coniunctiv'), ‚Subjekt' (statt ‚Subiect'), ‚Zentrum' (statt ‚Centrum') et c.

Der Sprachnivellierer namens ‚Konrad Duden' schämte sich nicht, Schriftsteller wie Arthur Schopenhauer oder Friedrich Nietzsche zu verschlimmbessern, indem er den Gebrauch der Frémdnamen aus der lateinischen Sprachgstaltung genadenlos ein- und verdummdeutschte. Dem gemeinen heutigen Sprecher ist all Dies nicht nur unbekannt, sondern auch noch einerlei.

Zu d) die Ebene der Herkunftsverstreutheit der Namen

Die meisten von uns heutigen Sprechern verwendeten Namen sind nicht deutschen Urspunges. Besten Falles sind sie *indoeuropäischer* Herkunft. Mittels zahlloser Anglizismen aber wird die vormalige deutsche Sprachgestalt missgestaltet. Den gemeinen Sprecher stört dies kaum oder gar: nicht. Er fragt ja ohnehin nicht, aus welcher Quelle ein Name komme, den er prüflos nachlautet und somit vielleicht gar fälschlich oder nennleistungsverzerrend verbreitet (Beispell: siehe ‚**digital**‘, ‚**discriminieren**‘, ‚**dramatisch**‘, ‚**realisieren**‘).
Grundsätzlich ist der Gebrauch mehrer Herkunftswörterbücher zu empfehlen, um die Herkunft aus älteren Schriftzuständen nicht nur zu wissen, sondern auch mit neueren zu verbinden.

Zu e) des Satzbaus

Auch der neuerdings übliche Satzbau geschieht durch den heutigen gemeinen Sprecher nach der selben Schwundgrammatik, wie alle anderen Feeler, Auslassungen und Verzerrungen. Er bevorzugt den kurzen Kleinsthauptsatz ohne Zusatznamen und ohne Nebensätze.
Beispell 1: „Du warst ja gerade in Berlin zu Besuch. Was sahst du in dort im Besonderen?"
„Alexanderplatz."
„Ah, ja. Wie gelangtest du dorthin?"
„U-Bahn."
„Und wo wohntest du?"
„Hotel."
Dieser Weise auszutauschender Einnamensätze spricht der gemeine Sprecher zumeist.

Auffällig ist auch sein Satzbau, wenn er denn Namen zu Sätzen zusammensetzt.

Beispell 2: „Ich hab' gestern Emil getroffen. Der macht gerade 'ne Lehre."

Statt: „Ich *traf* gestern Emil, der gerade *in* einer Lehre *ist*."
Gestern kann er nicht haben! Aber arg vernachlässigt werden die Zeitformen verwendet.

Beispell 3: „Morgen kommt Helga. Gestern war sie noch in Frankfurt gewesen."

Statt: „Morgen *wird* Helga *kommen*, die gestern noch in Frankfurt *war*."

Beispell 4: Der nächste ist ein typischer Satz aus der Tagesschau; hier wird aus der Gegenwart (alias ‚Präsens') in die vollendete Verginge (alias ‚Plusquamperfect') gesprungen – dümmlich falsch!: „Heute ist die Bundesaußenministerin in Ankara zu Besuch. In den letzten zwei Monaten war zwischen der Bundesrepublik und der Türkei kein Wort gewechselt geworden."

Statt: „In den letzten Monaten *ward/wurde* kein Wort gewechselt."

Beispell 5: [Wie kann „ich gestern bin" oder „gestern habe"?]
„Gestern bin ich im Kino gewesen. Sie haben „Die Brücke" gezeigt."

Statt: „Gestern *war* ich im Kino. Sie *zeigten* „Die Brücke" (von Bernhard Wicki)."

Beispell 6: „Nachdem ich den Film gesehen hatte, bin ich Bier trinken gegangen."

Statt: „Nachdem ich den Film *sah*, *ging* ich Bier trinken."

Oder: *„Als* ich den Film *gesehen hatte*, *ging* ich Bier trinken."

Beispell 7: „Als er den Roman durchlas, hat er gewusst, wer der Mörder gewesen ist."

Statt: „Erst, als er das letzte Capitel des Romans durch*gelesen hatte, wusste* er, wer der Mörder des im ersten Capitel erzählten Mordes *war*."

Beispell 8: „Letzte Woche habe ich Anna das erste Mal ge-

küsst. Ihr Gesicht ist total rot geworden!"
Statt: „Letzter Woche (zweiter Fall alias ‚Genitiv', so, wie in ‚abends', , ‚dieser Tage', ‚morgens' et c.) *küsste* ich Anna zum ersten Male; sie *errötete* auf dem ganzen Antlitze."
Beispell 9: „Jezt lese ich das Buch und dann kann ich etwas daüber schreiben."
Statt: „Jetzt, als ich das Buch *gelesen (oder besser noch durchgearbeitet) habe, (weiß und) kann* ich eine Recension darüber schreiben."
Beispell 10: „Dann war der Film vorbei und ich bin dann 'raus."
Statt: „Als der Film vorüber *war, ging* ich hinaus."
Die Regeln und die Kunst des Satzbaues sollten in der Schule gründlich gelehrt werden. Wie mag auch nur ein Schüler das angebliche „Classenziel" erreichen, der keinen Satz trefflich zu fügen weiß?

Zu f) auf der Ebene der Phrasen

Mittels des Namens nhd. ‚Phrase' (hell. ‚phrásis') werden in der Wissenschafft der Phraseologie *erstarrte Namenfolgen* benannt, die vom gemeinen Sprecher oft und leichthin nachgelautet, deren Nennleistung von ihm jedoch kaum oder gar: nicht geprüft wird. Besonders die prüflosen Übernahmen und Nachverwendungen erstarrter Namenfolgen zeigen uns deutlich, **dass der gemeine Sprecher nicht in Worte oder Wortfolgen hineindenkt**. Ihm sind das Übernommene nur „Lautfolgen für bestimmte Gesprächssituationen", darin er sie gedankenlos repetiert.
Die nachfolgende Liste ist nicht vollständig; sie bietet lediglich eine Auswahl; nämlich:

‚als der Krieg ausbrach' – welch sonderbarhe Namenfolge! Sei „der Krieg" als „Person" zu denken? War „er" vor dem angeblichen „Ausbruche" irgend eingesperrt oder gefangen? Irre Menschen *begannen* den Krieg, indem sie ihn einem Nachbarstaat *erclärten*!

‚auf die Nerven fallen/gehen‘: zu nhd. ‚Nerv‘ (lat. ‚nervus‘). Auch ängl. ‚(to) get on someone's nerves‘. Aber seien es „die Nerven" (= „die Neuronen"), die durch Ärgernisse übel gereizt werden? Oder sind es die Wertungen im Gehirn, zu denen gar manches Seiendes nicht passt?

‚da‘ steckste nicht d'rin‘: Ach! Nein? Und wenn doch? Brächte ein nur cörperlich-räumliches „Darinnenstecken" eine Erkenntniss? Ersähe auch nur *ein* Sprecher, wie ein Elektromotor functioniert, wenn er „darinnen steckte"? Modehörig, prüflos nachgelauteter Stuss!

‚das Functionieren von Communication‘: … ist ohne den Namen ‚von‘ kaum möglich. Dies ist eine typische Namenfolge der genitivophoben „Von"-ismus-Anhänger. „Functioniere" eine „Communication"? Oder *gelinge* eine Verständigung? Das Gelingen der Verständigung kommt ohne ‚von‘ aus und dient der Verbesserung der Verständigung zweifellos.

‚das Gefühl haben‘: Was der gemeine Sprecher und Schwundgrammatiker nicht Alles *hat*! Arbeit oder auch nicht, kein Geld, Kinder, aber keine Zeit, doch Pflichten, Schulden, Träume und zumeist: *keine Ahnung*! So stumpf, wie er ist, empfindet er nichts, sondern fühlt mit seinem Cörper so in allen Richtungen her- und hinum, wie Insecten und Käfer mit deren Fühlern. „Oh! Ich fühl‘ doch was; ich hab‘ doch Gefühl! Ja! Wahnsinn!"

‚die berühmte Nadel im Heuhaufen (suchen)‘: Wer berühmt eine Nadel? Vermutlich niemand. Der gemeine Sprecher jedoch geniert sich nicht, eine *vielgenannte*, insofern *wohlbe-*

kannte Nadel als ‚berühmt‘ zu benennen. Dies liegt in seinem Verhältnisse zur Sprache begründet: er prüft den Wortinhalt nicht, doch nimmt gehörte Lautfolgen auf und lautet sie nach.

‚d'ran glauben müssen‘: Wieso sei die Nennleistung dieser Namenfolge „sterben“? Wenn jemand stirbt, dann gelangt er in „jene Seite“ – ob er der LIEBE und Jesu Lehre CHRISTI geglaubt oder nicht. Der Gelaube bedingt vor dem Sterben etwas; darnach ist „er“ vermutlich kaum noch möglich.

‚echt jetzt?‘ – wann sonst? Die Fragen der prüflosen Schwätzer sind ihre Oberflächlichkeit des Denkens bezeichenend. Denken sie womöglich, etwas *war* einst echt, doch jetzt *sei* es dies nicht mehr? Nein, denn sie meinen mit der Namenfolge, ob etwas „ernstlich (so) gemeint“ sei.

‚ein Leben führen‘: eine typische Ego-Arroganz-Phrase. Wer führt hier wen oder was? Das ‚Leben‘ ist ein Name eines unfasslichen, weil geistlichen Wesens (andere Namen dafür sind ‚Liebe‘, ‚Licht‘, ‚Ewe‘ et c.). Und etwas Unfassliches sei egohörig zu *führen*? Unfug! Wir *werden geführt*. Weil diese Führung jedoch geistlich, mithin: durch die Sinnesöffenungen unvernehmlich geschieht, wird sie durch den Ego-Traum überdeckt, jeder – nur scheinbahre! – Einzelmensch sei „sein eigener Herr“ und halte die Lenkung „seines eigenen Lebens“ in seiner Hand.

‚eine Rolle spielen‘: aber nur in Film oder Theater! Nur dort wird eine Rolle geführt, darinnen der Text der darzustellenden Figur enthalten ist. Der gemeine Sprecher hingegen verwendet diese Namenfolge, um „wichtig seien, Function ausüben“ zu benennen: „Die hohen Costen spielen eine besonders wichtige Rolle in meinem Leben!“ Oder aber: „Geld spielt keine Rolle!“ Hier trifft die Namenfolge zu, denn wie vermöchte Geld eine Film- oder Theaterrolle spielen?

,einen erfolgreichen Start hinlegen': Zunächst ist zu dieser sonderbahren Namenfolge zu fragen, welches die Nennleistung des Namens ängl. ,start' sei: ursprünglich ist etwa „plötzlich bewegen, herausbrechen, für ein Rennen oder für eine Reise hinaussetzen" zu dem Namen hinzuzudenken. Denken wir uns allso einfach „Reise- oder Rennbeginn" zu dem Fremdnamen ,Start' hinzu. Sei aber ein Reisebeginn *hinzulegen*? Dies kann nur ein Dummschwätzer erfunden oder verfälscht haben.

,groß werden': Gemeint ist „aufwachsen". Was werde derweil „groß"? Der wachsende Cörper. Weil der gemeine Sprecher den Menschen mit dessen Cörper ebensetzt, deutet er „aufwachsen" als „groß werden" – welch eine Größe!

,groß ziehen': Gemeint ist „auf- oder erziehen"; weil der gemeine Sprecher „den Menschen" entgeistlicht als „Cörper" deutet und versteht, wird auch die Auf- oder Erziehung eines Kindes, derweil dessen Cörper an- und erwächst, als des Kindes „Großziehung" um- und großgedeutet. (siehe ,**groß werden**')!

,halten für', aus älterem nhd. ,darfürhalten' (statt ,darwider') in Gesprächen für oder wider etwas. Heute hält der Bauer (sich) Kühe für die Milchgewinnung; wer hingegen spricht, er halte die Kühe für „Außerirdische", der verwechselt die Nennleistung der Namenfolge ,halten für' mit der der Namenfolge ,erachten als'.

,häusliche Gewalt': aus nhd. ,häus-', ,-lich', ,ge-', ,walt'. Die Nennleistung dieser absurden Namenfolge ist „dem Hause geleiche Gewalt" – Unfug! Gemeint ist: „Cörperverletzung in der gemeinsammen Wohnung" (die nicht jedes Falles ein „Haus" ist!). Diese irre Namenfolge gelangte als Lehensübersetzung aus dem ängl. ,domestic violence' in die deutsche Sprachgestaltung hinein. Daran ist zu ersehen, welch ungute Wirkung das Eingreifen sprach-ungelehrter Politiker in die Sprachgestaltung aufweist. Allso ab jetzt bitte „**Cörperverletzung in der gemeinsammen Wohnung**"!

‚**hoch gehen**': Gemeint ist gelegentlich „explodieren", doch zumeist „hinaufgehen, steigen"; selten aber „erzürnen". Mittels des Namens ‚hoch' wird eigentlich eine Ortslage benannt, nicht jedoch die Richtung dorthin. Statt ‚die Treppe hoch' – das wäre poëtisch als „die hohe Treppe" oder „die Treppe in der Höhe" zu denken! – bitte ab jetzt ‚**die Treppe hinauf (gehen)**'.

‚**im wahrsten Sinne des Wortes**': Keines Falles ist ein „wahrster Sinn des Wortes", denn erstens ist „ein Wort" kein eigenständiges Seiendes, das so mit einem Sinne des Darbeiseiens ausgestattet ist, wie Menschen und „höhere" Säugetiere (gemeint sind statt ‚Sinn' entweder die „Nennleistung des dem Worte zugrunde liegenden Namens" oder das „zu dem Namen hinzugedachte Gedächt" oder des Wortes „Zweck"), und zweitens sind Nennleistung und zum Namen Hinzugedachtes – wenn er nicht christlich, mithin: „nicht dem Christus geleich" ist, niemales „waar"; gemeint ist statt ‚waar' entweder „eigentlich", „rein" oder „ursprünglich": „in ursprünglicher Nennleistung des dem Worte zugrunde liegenden Namens". Zu nhd. ‚waar' siehe ‚**Zu g) und auf sonstigen Ebenen** '!

‚**in der Lage seien**': liegend neben anderem Gelegenen? Die Nennleistung des Namens nhd. ‚Lage' ist als „Gelegenheit, wie die Dinge liegen" zu denken. Und wenn jemand darinnen ist, dann könne er dies und jenes tuen? Der gemeine Sprecher neigt darzu, „die Lage" einseitig als „Möglichheit" zu deuten.

‚**ins Leben rufen**', aus ‚in', ‚das', ‚Leben' ‚rufen'. Die Nennleistung ist nur zu Magie hinzuzudenken: ein Sprecher ruft, und ein Anderes kommt dardurch „ins Leben". Welcher Sprecher er-

achtet dies ernstlich als „möglich"? Aber gemeint ist: „hervorbringen", „gründen", „erzeugen". Denket in die Worte hinein,
aufdass Ihr das von anderen Sprechern Hineingedachte (nämlich das zu den diesen Worten zugrunde liegenden Namen Hinzugedachte, Hinzugebildete, Hinzuempfundene, Hinzugewert-
ete) bemerket!

‚leben von'; siehe oben: ‚leben'. Der gemeine Sprecher verwendet oft die Phrase „leben von" oder „von etwas leben", auch
als Frage: „kann man darvon leben?" Und denkt zumeist Geld
oder eine belohnte Tätigheit zu dem Namen hinzu. Wäre aber
von Geld zu leben, mithin: Geld die Quelle des Lebens, dann
müssten Geldreiche nicht sterben; was sie dennoch müssen. Es
trifft also nicht zu, was der gemeine Sprecher erkenntniss- und
prüflos nachlautet. Siehe auch ‚von etwas leben (können)'!

‚nach einer wahren Begebenheit': Diese Namenfolge ist zumeist unter dem Titel auf Filmdrehbüchern zu lesen. Gemeint
ist darmit, dass das Drehbuch und dessen Inhalt nicht „erfunden" seien, doch tatsächlich geschehen. Die solche Namenfolge verwendenden Sprecher denken allso zu dem Namen nhd.
‚wahr' ernstlich und nur „tatsächlich geschehen" hinzu. „Die
Waarheit" ist „der Christus" (Joh 14,6). Dieser ist **unvernehmlich** und nicht mit „tatsächlichem Geschehen" zu verwechseln. Was sei allso an tatsächlichem Geschehen *wahr*?
Dass es *in Wahr genommen* ward? Solche Sprecher werden den
Schied zwischen „wahr" und ‚waar' nie ergründen.

‚**neues Leben entsteht** (beispellsweise auf der Lava)': Der gemeine Sprecher in dessen unbewusster Geistvermeidungsbe-
strebtheit deutet jede neue Lebensform als „ein neues Leben";
dass in allen Formen *das eine selbe LEBEN ist*, übersteigt seinen
Horizont.

,**nicht alle (...) haben**': Diese Namenfolge wird zumeist mit zusätzlichen Namen ausgestattet, beispellsweise: Jemand habe ,nicht alle Latten am Zaun', ,nicht alle Tassen im Schrank', ,nicht alle (Kugeln) auf 'm Christbaum', ,nicht alle in der Reihe' et c. Gemeint mit all diesen erstarrten Namenfolgen ist eigentlich: „unlogisch und unvollständig denken und sprechen". So, wie der gemeine Sprecher es nämlich zumeist tut.

,**nur der Tod ist sicher**': Dieser Satz enthält Fragwürdiges, nämlich erstens die Nichtscheidung zwischen dem mittels des Namens ,Tod' und dem mittels des Namens ,Sterben' Benannten und zweitens die Unergründetheit dessen, das mittels des Namens ,sicher' benannt wird. Nhd. ,sicher' entlehenten unsere Vorfahren aus lat. ,securus' (zusammengezogen aus lat. ,sine' und ,cura' = „ohne Sorge"). „Sorglosigkeit" ist kein Ersatz für „Gewissheit". Der Name nhd. ,Tod' nicht dient der Benennung des „Sterbens". Das mit der obigen Namenfolge eigentlich Gemeinte ist „nur, dass wir sterben, ist gewiss".

,**Respect erweisen/verlangen**': Mittels des Namens nhd. ,Respect' (aus frç. ,respect', zu lat. ,respicere', ,respectum') wird eigentlich „Rücksicht, Zurückblicken" benannt. Zahllose heutige Sprecher verlangen, dass man ihnen Rücksicht gewähre, sind jedoch ihrerseits selten bereit, diese zu erweisen. Im Überigen ersetzt „Rücksicht" keine Nächstenliebe, sondern ergiebt sich mit hr wie von allein.

,**seine Schäfchen im Trockenen haben**': Gemeint ist nicht „genug erreicht oder gewonnen haben", doch „seine *Schiffchen* ins Trockene *gezogen* haben"; den Schafen ist Regen einerlei. Aber die Fischerboote sollen etwa vor einer Sturmflut ins Trockene gezogen werden, aufdass sie nicht überflutet und fortgespült werden.

‚**sich warm anziehen (müssen)**‘: Gemeint ist „sich auf etwas als „ungut" Gewertetes vorbereiten (müssen)". Aber der heutige gemeine Sprecher verwendet diese Namenfolge auch für benanntes Seiendes, das sich nicht vorbereiten kann, aber soll – ohne dass er dies bemerkt, etwa: „dann muss die Zukunft sich warm anziehen".

‚**social benachteiligt**‘, aus lat. ‚socialis‘ (= „gesellig") und nhd. ‚Nachteil‘. Als unmittelbahre Nennleistung dieser peinlich unwohl zusammengesetzten Namenfolge ist „gesellig benachteiligt" zu denken – welch ein Unfug! Gemeint ist ‚*in der Gesellde* (oder ‚*-schafft*‘) benachteiligt‘. Ja, aber ist nicht mindestens die Hälfte der miteinander wohnenden, werkenden, sprechenden, Menschen im Nachteile? Stets wird der vermeinte *Vorteil* (was genau sei dieser? Geld?) eines Menschen zum *Nachteile* mindestens eines anderen erreicht – trotz aller Geselligheit.

‚**social schwach**‘, aus ‚social‘, zu lat. ‚socialis‘ (= „gesellig") und nhd. ‚schwach‘. Somit ist zu der sprechmodischen Namenfolge ‚social schwach‘ etwa „gesellig schwach" hinzuzudenken. Gemeint ist aber: „an Geld bemessen kraftlos, arm". Was spricht gegen nhd. ‚arm‘, dass dieser Name durch „social schwach" ersetzt ward?

‚**von selbst**‘, diese Namenfolge wird zumeist ohne Bedenkung dessen verwendet, was als „Selbst" zu denken sei. Eine „Selbstschussanlage" mag „von allein" das Schießen beginnen, ist jedoch gewiss ohne ein Selbst.

‚**vor Allem**‘; diese Namenfologe wird zumeist so verwendet, als sei die Nennleistung als „*nach* Allem" zu denken und zu verwenden. „Kreti und Pleti und vor Allem Yeti." Welch ein Gewohnheitsnachlauteunfug!

,**zu tuen haben mit** (etwas/jemandem)'; diese Namenfologe wird zumeist ohne ein zu ersehendes Tuen verwendet. „Wir haben es morgen mit bewölktem Himmel zu tuen" – ach! Ja? Was „haben wir darmit *zu tuen*? Wenn Schnee herniederfällt und liegenbleibt, dann bekommen wir insofern etwas zu tuen, als wir ihn vielleicht fortschieben dürfen; alles Andere ist fraglich.

,**Zeit vertreiben**': Sei „Zeit" als „Feind" zu erachten, der besser *zu vertreiben* ist? In der minderbewogenen Weile möge die Stille genossen, nicht jedoch vertrieben werden. Doch der gemeine Sprecher scheut die Besinnung in der Stille.

Zu g) **und auf sonstigen Ebenen**

Derzeit (anno 2023) wird viel über das „Gendern" gestritten, mithin: über den Wunsch und den Versuch, das *Genus* eines Namens mit dem *Fleischgeschlecht* des mittels des Namens Benannten zu beselbigen. Der Name nhd. ,Name' (ahd. ,namo') ist mit nhd. ,nennen' (ahd. ,nemnen') verwandt; mittels der Namen wird etwas benannt. Sei der Wunsch der Beselbigung des Genus des Namens und des Geschlechtes des mittels seiner Benannten als „grammatikalisch gut" zu erachten?

Beginnen wir mit dem Namen nhd. ,**Gott**' (ahd. ,god'), der im masculinen Genus geführt wird. Müssen wir und das mittels dieses Namens ,Gott' Benannte als „männlichen Geschlechtes" denken, nur weil der Name im masculinen Genus ist? Wer die Sache des Jenseits ernst nimmt, der weiß vielleicht, dass in der Textstelle Joh 4,24 in der Evangeliumsschrift nach Johannes zu lesen steht: „Gott ist Geist, und wer zu ihm beten will, der muss dies im Geiste und in der Waarheit tuen."

Zwar ist auch der Name nhd. ,**Geist**' (ahd. ,geist') im masculinen Genus, jedoch ist das mittels des Namens ,Geist' Benannte zweifellos kein Fleischkörper eines zu bestimmenden Geschlechtes. Genus (oder Gattung) und Geschlecht sind also nicht selbig, weil auf der Ebene des Geistes kein Geschlecht möglich ist.

Kommen wir als Nächstes zu dem Namen nhd. ,**Mensch**' (ahd. ,mennisco'). Auch dieser ist im masculinen Genus. Zwar lässt sich bei dem mittels des Namens ,Mensch' Benannten auf Erden ein Cörper nachweisen, doch sei „der Mensch" in der Waarheit des Geistes „ein Cörper"?

In der Evangeliumsschrift nach Matthäus steht zu lesen: „Fürchtet euch nicht vor denen, die nur den Leib töten, jedoch die Seele nicht töten können." (Mt 10,28). Der Mensch ist demnach in der Waarheit des Geistes als unsterbliche „Seele" zu denken, nicht jedoch als sterblicher „Cörper" (oder als „Leib").

Hier mag nun ein agnostischer oder atheistischer Sprecher einwerfen, er sehe „den Menschen" nicht so, wie „er" in der Bibel benannt werde, aber bedenken wir Folgendes: falls „der Mensch" nur ein Cörper wäre, keine Seele, dann wäre auch ein menschlicher Cörper im Koma oder ein menschlicher Cörper mit schweren Hirntraumata, mit Aphasie, Defecten in der Cognition oder mit Totaldemenz à la Alzheimer „der eine selbe Mensch" wie vor dessen Krankheit, denn der Cörper ist ja noch genau so dar, wie zuvor. Werden wir so dem Menschen und ihm als „mehr denn nur Cörperfunctionen" gerecht? Wer das Geistliche des Menschen in Abrede stellt oder verleugenet, der verzerrt ihn einseitig zu etwas Geistlosem und wird dem eigentlichen, waaren Menschen nicht gerecht.

Der Name nhd. ,**Seele**' (ahd. ,se[u]la') ist zwar im femininen Genus, doch weil das mittels dieses Namens Benannte *fleischlos* ist, fällt trotz eindeutiger Genus- oder Gattungsbestimmung eine Geschlechtsbestimmung aus.

Was brächte nun aber die Bildung einer femininen Form namens ,Menschin' als Gegenstück zur masculinen Form Namens ,Mensch'? Das Bestehen beider Formen nebeneinander erbrächte vermutlich die Schlussfolgerung, „der Mensch" sei zweier Geschlechter, mithin: doch als „Cörper" zu denken. **Dies ist die Folge des „Genderns": das Geistliche wird in Gedanken *vercörpert* und demnach *entgeistlicht.*** Wie steht es mit anderen Namen wie etwa nhd. ‚Bürger', nhd. ‚Ich', ‚Lehrer', ‚Mädchen', ‚Student' et c.? Mittels all ihrer wird „der Mensch" oder ein Teil seiner in bestimmten Zusammenhängen benannt, jedoch wird stets *das Geistliche des Menschen* nicht mitbenannt. Es sollte dennoch *mitgedacht* werden, um das Wesentliche des Menschen im Sinne zu halten, statt sich mit der Besinnung auf das Fleischcörpergeschlecht dem Wesentlichen abzulenken.

Wozu dann aber noch die „Genderisierung"? Denkt jemand ernstlich, der mittels des Namens nhd. ‚Mädchen' (älter nhd. ‚Mägdchen', zu nhd. ‚Magd', ahd. ‚magad') benannte weibliche junge Mensch sei „ein *Zwitter*", nur weil der Name in neutralem Genus ist? Müssen die mittels der Namen nhd. ‚Canaille' oder nhd. ‚Koryphäe' benannten Zeitgenossen jedes Falles *weiblichen Geschlechts* sein, nur weil die Namen feminin sind? Muss das ‚Genie' dem Cörper nach ein Zwitter sein? Wieso müsse dann der mittels des Namens nhd. ‚Bürger' (ahd. ‚burgari') benannte Mensch zwingend ein „Mann" und *nur* ein Mann seien? Die eine selbe Frage ist zu den Namen ‚Chaot', ‚Dummkopf', ‚Eremit', ‚Feind', ‚Humanist', ‚Idiot', ‚Naci', ‚Officier', ‚Student', ‚Tiger', ‚Tote', ‚Verbrecher', ‚Vogel', ‚Wärter' usf. zu stellen, besonders dann, wenn sie in der Mehrzahl (alias im ‚Plural') stehen.

Im Für- oder Verstande der Namen stehen diese für das mittels ihrer Benannte, das mit gelernten Abbildern verbunden ist. So lange wir das eigentlich Seiende nicht erkennen (das „Ding an sich" nach Kant), doch nur deren Erscheinungen vernehmen, bleiben wir auf der Abbild-Ebene (auch wenn der Name das mittels seiner Benannte nicht abbildlich wiedergibt; der Name ‚Baum' erinnert nicht als Abbild an einen „Baum", so wenig wie die Namen ‚Haus', ‚Kind', ‚See' an ein „Haus", ein

„Kind", einen „See" erinnern oder diese abbildlich darstellen).
Bedenken wir, dass der Name und das mittels seiner Benannte
nicht nur nicht selbig seien, sondern auf verschiedenen Seiens-
ebenen vorkommen: **das Benannte ist in jedem Falle nur
ein Abbild des eigentlichen Vernommenen und Gedachten**, und der Name ist besten Falles ein Abbild dieses Ab-
bildes. Müsse dies unbedingt cörperlichen Geschlechtes seien?
Und dies ist die einfache Lösung des Problems: **kein Name
enthält ein Fleischcörpergeschlecht**. Aber das erstaunliche
Gegenteil dieser Tatsache behaupten die (zumeist nur nach-
lautenden) Genderisten. Sie deuten jeden Namen ausnahmslos
als „Anzeiger eines Fleischcörpergeschlechtes". Deswegen – so
schließen sie irrerweise – „müssen" nach deren falscher Setzung
die mittels der Namen ‚Gott', ‚Hamster', ‚Mensch', ‚Spinner',
‚Zombie' Benannten unbedingt *männliche Geschlechtsteile aufweisen und als Fleischescörper „Männer" seie*n, was „ungerecht"
sei, denn weibliche Entsprechungen blieben ja ungenannt und
würden somit unterdrückt. Was bringt uns dieser Unfug? Und
welch kindische „Gerechtigkeit" erbrächte eine Vercörperlichung des masculin benannten Gedachten oder gar Geistlichen?
**Der Genderismus erbringt lediglich Verfleischlichung,
Entgeistlichung und erniedernde Ablenkung**, nämlich:
dem Wesentlichen ab. Mögen wir diese gewinnlose Denk- und
Sprechmode so bald wie möglich niederlegen!
Siehe ‚**IV: Genderismus**', S. 150

III. Heruntergekommene Sprachgestalt, entgeistlichter Glaube und verstellter Weg zum Geiste

„Die Sprache" ist in ihrer gesammten Ausrichtung als *die Ermöglichungsgrundlage unseres bewissenden (= „bei-wissenden"), logischen Denken*s zu erachten. Ist diese Sprache durch Lehrverhinderung, Lernverweigerung und falsche, nachlässige, ja: irre Anwendung hindurch verkrüppelt oder verzerrt worden, ist „sie" des strengen Logikdienstes verlustig und für das Denken minder tauglich oder gar hinderlich geworden.

Im Zuge des Lernens der Sprachgestaltung wird neben der Ermöglichung des logischen Denkens auch **der Beginn der Möglichheit des** *Gelaubens in Worten mit erschlossenem Inhalte* **mitgelernt** – oder aber versperrt, wenn nämlich Lehren und Lernen der Sprache zumeist auswendig, formalistisch, mithin: erstarrt, hohl und geistlos geschehen.

Der Beginn des Gelaubens liegt in namen- und sprachloser Vorgeschichte des Menschen verborgen, ist aber als **„im Urvertrauen** enthalten" zu denken. Bedenken wir, dass auch schon junge Säugetiere deren Ältern oder sonstigen „Bezugspersonen" vertrauen und ihnen zweifellos, ja: bedingungslos folgen, einerlei, wohin diese gehen. So ist eine der Grundlagen des Gelaubens in der Werdendsgeschichte des Menschen älter denn seine heutige Erscheinung auf Erden und älter denn seine Sprache. **Vertrauen ohne Beweise für dessen Berechtigtheit aber ist die Grundlage des Gelaubens noch ohne Worte**; für den Gelauben *mit* Worten hingegen möge und muss eine Sprache gestaltet werden, die dem Vertrauen dient, es fördert und ihm nicht widerig ist. Zudem müssen diese Sprachgestalt und das darmit verbundene Denken auch dem Geiste nicht abhold seien. Eine Sprachgestaltung, deren Worte nur aus

Namen ohne erschlossenen Inhalt zusammengewürfelt worden ist, bleibt an der Oberfläche des Denkens und Empfindens und gereicht der Erschließung des Geistes nicht.

Denken wir uns darzu vorab ein Kind, das von seinen Ältern und anderen Sprechern gelehrt wird, zu dem Namen ‚glauben‘ (so verkrüppelt, wie ihn der gemeine Sprecher heute verwendet) sei „vermuten, denken, annehmen, als zutreffend erachten, zu erinnern versuchen" hinzuzudenken. So hört das Kind jedes Tages mehrmales merkwürdige Namenfolgen wie „Ich glaube, morgen regnet es.", „Glaubst du etwa, darauf falle ich ‘rein?", „Das glauben die doch selbst nicht!", „Glauben Sie, dass der Verdächtige unschuldig ist?", „Glaubst du an das, was dieser Politiker sagt?", „Wer ’s glaubt, wird selig!" oder „Ich glaube, unser früherer Nachbar hieß Hans." et c. Und dann soll das Kind mit einem Male beim Lesen in einer Evangeliumsschrift (Joh 11,25) zu der Namenfolge ‚Wer an mich glaubt, er wird leben, auch wenn er stirbt;‘ und ‚Wenn du glaubst, wirst du die Herrlichkeit Gottes sehen.‘ (Joh 11,40) etwas Höheres, Bedeutsammeres, Geistliches hinzudenken? Es wird vermutlich denken, auch in diesem gelesenen Zusammenhange sei zu ‚glauben‘ nur „als zutreffend erachten, denken, annehmen, vermuten (nämlich, dass etwas von anderen Sprechern Gesprochenes richtig oder gar „wahr" sei)" hinzuzudenken.

Welch ein „Glaube" aber mag daraus werden? Ein auswendiger? Oder aber ein belebter, tiefer, begeisteter? Besten Falles nimmt das Kind an, Jesus sei „Jesus Christus", so als sei ‚Christus‘ lediglich ein „Nachname", sodass der CHRISTUS als geistliche Größe uneröffenet bleibt. Das mittels des Namens ‚Gott‘ Benannte ist dem Kinde ein undenkbarer „Vater", der es eher unheimlich als liebenswert dünkt. Und wenn das Kind die Passionsgeschichte gänzlich durchliest oder zumindest vorgelesen bekommt, dann wird es sich fragen, ob „Gott" wirklich allmächtig sei, dass „Er" seinen Sohn so elendig umkommen lasse?

Später aber beginnen einerseits des Kindes Erweiterung der

Sprache und mit ihr des Fürstandes; zudem wachsen auch das Denkvermögen und die Bezweifelungen des von Ältern und Lehrern altgelehrten, bis dorthin ungeprüften sprechentlich Gelehrten. Je mehr im Haupte des Kindes die Sprache des Fürstandes und des Denkvermögens *geistvermeidend* erbaut ward, desto mehr wird „der (jenseitige) Geist (der LIEBE)" auch in Zukunft nicht erwartet oder gar als „unerwünscht" oder als „unmöglich" erclärt. Wenn mangels tiefer Sprache im Sprecher kein Sinn für den Untergrund unter der Oberfläche gesprochener oder sonstwie angewandter Sprache angelegt worden ist, dann wird auch kein für die Ergründung des tieferen Denkens, des der LIEBE vertrauensvoll folgenden Gelaubens und des unendlichen Geistes wichtiges Wort bedacht oder willkommen geheißen.

Wie möge oder soll beispellsweise ein sprechen lernendes Kind einen *Sinn für geistliche Bedeutung oder Bedeutsammheit* eröffnen, wenn ihm unablässig gepraedigt wird, jedes noch so lieb- und geistlose, mithin: unbedeutsamme Wort *bedeute* etwas?

Wie kann ein sprechen lernendes Kind einen Sinn für „das Begreifen" erlangen (bedenke „Griff"!), wenn ihm stets nur bloße, hohle oder inhaltsachtlose *Sammelnamen schon als „Begriffe"* dargeboten und vorgestellt werden?

Wie möge oder soll beispelsweise ein sprechen lernendes Kind einen Sinn für waares, *geistliches Eigentum* gewinnen, wenn ihm unablässig oberflächlich „Be*sitz*(güter)" (= „Sitz"!) als ein dem Eigentume Ebenwertiges dargereicht werden?

Wie möge oder soll beispellsweise ein sprechen lernendes Kind einen Sinn für den Gelauben (= „der LIEBE vertrauend folgen") erreichen, wenn es auswendig gelehrt wird, „der Gelaube" sei ihm auch dann schon gegeben, wenn es *„an* etwas *glaube"*, nämlich so inhaltlos, wie etwa *an* „den Osterhasen" ohne inwendigen Geist oder *an* „den Weihnachtsmann" ohne inwendige Vergebungslehre oder *an* den „lieben Herrn Jesus" ohne den CHRISTUS als EINSHEIT der SCHÖPFUNG oder *an* Gott ohne die LIEBE aber mit Schuldsicht und -vergeltung, oder dar*an*, dass „es" morgen schneien werde oder dass Teppiche in Syrien costengünstiger (alias angeblich ‚billiger') seien als in Usbekistan oder Afghanistan et c. Wer nur *an* etwas glaubt, der bleibt *an* etwas *außen* und gelangt nicht hinein. Einzig wer sich der LIEBE öffenet und IHR gelaubt, der mag in SIE hineingelangen.

Wie kann ein sprechen lernender Mensch sich für das HEILIGE öffenen, wenn ihm (teilweise gar unter Strafandrohung!) angezwungen wird, jedem profanen, von Irrgläubigen als ‚heilig' oder als ‚(h)ágios' oder als ‚sanctus' oder als ‚holy' oder als ‚saint' et c. Angepriesenen sei „unbedingt zu huldigen"? Des Namens nhd. ‚heil-ig' (mhd. ‚heilec', ahd. ‚heilig', ‚heilag') Nennleistung ist als „durch Heil bestimmt" zu denken. Nun, welches Heil sei gemeint? Sei eine angeblich „heilige" Messe „durch Heil bestimmt"? Und wie finden wir die „Durch-Heil-Bestimmtheit" in angeblich „heiligen" Orten anderer Glaubensausrichtungen? Das gemeinte Heil ist das des HIMMELS und des GEISTES der LIEBE und all ihrer Geschöpfe. Und dann hören wir Phrasen wie etwa „den heiligen Bund der Ehe eingehen" oder ähnliche Namenfolgen. In all solchen Namenfolgen wird „das Heil" inflationär, mithin: entwürdigend besprochen.

Wie mag ein die Sprache zu vervollkommenen lernender Mensch erfahren, was „die Liebe" sei (1.Joh 4,16ff), wenn der gemeine Sprecher ihm ungeniert etwas des Begehrens, des Cörperlustspieles, des Verlangens, Wertschätzens, Wünschens vorfaselt und dies als *„Liebe(n), Liebe machen"* benennt und darlegt?

Wie mag ein seine Sprache zu vertiefen suchender Mensch erfahren, als was er „die SCHÖPFUNG" denken und achten solle, wenn ihm unentwegt etwas durch die Sinnesöffenungen vernommenes Vergängliches außerhalb geschlossener Orte schon als „Schöpfung" vorgegaukelt wird, das jedoch – so unewig, wie es auch immer ist! – trefflicher mittels des Namens ‚Natur‘ benannt wird? Aber auch diese ist nicht nur außerhalb geschlossener Orte.

Wie mag ein sein Denken zu ergründen versuchender Mensch bemerken, was mittels des Namens ‚Seele‘ trefflich zu benennen sei, wenn die Mehrheit der Sprecher ihm alltäglich benennt, dass „die Seele" nur etwas für sie Katholiken sei, dass Dr. Paul Psycho zu dem Namen ‚Seele‘ nur „Gemüt" hinzudenke, hingegen der Nachbar Otto Oberflach nur „das Ich", aber all diese Sprecher bekunden, dass nur sie „Recht hätten"?

Wie kann ein studierender Sprecher einen Sinn für „die Waarheit" eröffnen, die „der CHRISTUS" wiest (Joh 8,32; 14,6; 16,13), wenn ihm erstens vom gemeinen Sprecher eines jedes Tages eine „Wahrheit" geboten wird, die genau so buchstabiert wird, wie das jenige Vergängliche, Schuldbahre, Tödliche, Mangelhafte, das durch die Sinnesöffnungen in Wahr genommen wird, und ihm zweitens vom selben gemeinen Sprecher ungeniert als „wechselnde, vergängliche Tatsachen" in öden Todesnachrichten, in schlechten Verbrechensunterhaltungsfilmen (alias ‚Crimis‘) und in geistvermeidenden Erzählungen vorgegaukelt wird?

Wie wir bemerken, ist „unsere" heutige Sprachgestaltung, die die Mehrheit der Sprecher – hier zumeist unter dem Namen ‚der gemeine (heutige) Sprecher‘ zusammengefasst – alltäglich anwendet, ohne sie zu bedenken, kaum darzu tauglich, einen Sinn für Höheres, Tieferes oder Beseligendes zu unterstützen geschweige denn zu tragen, zu eröffnen, zu begründen et c.

Das, was wir mittels der Namen ‚Geist‘, ‚Gelaube‘, ‚Heil(iges)‘, ‚Liebe‘, ‚Schöpfung‘, ‚Seele‘, ‚Waarheit‘ benennen, wird vom gemeinen Sprecher entweder nur missachtet oder aber gar verunglimpft und in den Dreck gezogen.

Die Sprache ist unser Weltwohnhaus. Wir ziehen als kleine Kinder in es ein, derweil wir es noch nicht als „Wohnhaus" oder als den Ort je meiner Welt zu ersehen vermögen. Dies „Wohnhaus" zu bewahren, benennt, fügt und ordenet je mein Wohnen in dem, das wir zumeist fälschlich mittels des Namens nhd. ‚Welt' (ahd. ‚weralt' = „Menschenalter") benennen. Mit nhd. ‚Welt' meint der gemeine Sprecher zumeist „das gesammte Seiende" oder „das Seien"; weil „die Welt" aber je mein Alter ist, mag darmit kaum das Geseiende gemeint seien. Jedes Falles ist die Neigung, das Weltwohnhaus zerrütten zu lassen – wie es der gemeine Sprecher bedenkenlos geschehen lässt – als „Versuch der Geistüberblödung" zu erachten. Möge dies verhindert werden! Darzu bedürfen alle tiefer denkenden, verantwortungsbewissenden Sprecher, jedem Kinde und sprechen lernenden Sprecher gutes und richtiges Deutsch vorzusprechen und auch vorzuschreiben. Nicht *Dies zu tuen*, ist als „anmaßend" (alias „arrogant") zu erachten, sondern *Dies nicht zu tuen*, mithin: es zu unterlassen. **Jeder Sprecher ist der Lehrer seines nächsten Sprechers.** Dies zu bemerken und zu befolgen, ist die Aufgabe, die einem jeden sprechenden Menschen aufgetragen wird und worden ist.

Möge deutlich geworden seien, dass nur durch die **Bereitheit** eines jeden Sprechers, **in die Worte hineinzudenken**, deren Inhalt zu finden und zu prüfen ist. Einzig geprüften Inhaltes sind Worte einleuchtend zu verwenden. Zur Prüfung sind Herkunftswörterbücher und der gute Wille, der LIEBE zumindest im Ansatze zu folgen, unabdingbahr. Falsch sind alle Versuche, „die Sprache" durch Verbote missliebiger Namen zu „bessern", wie Dies doch heute so viele Politiker versuchen. Ihre willkürlichen, teilweise nicht nachzuvollziehenden Setzungen, Verdrehungen und lieblosen Verurteilungen lassen vermuten, dass sie erstens keinerlei Sprachwissenschafft studiert hätten, und zweitens, dass sie dächten, wenn jemand in unguter Gesinnung ein Werkzeug als Waffe missbrauchte, dann müsse man hernach nicht die Gesinnung dieses Menschen berichtigen, doch das an sich schuldlose Werkzeug verbieten.

Statt jedem Sprecher – auch Studierten und Liebenden! – zu

unterstellen, dass er etwas Abwertendes oder sonstwie Übeles zu den Namen ‚Neger‘, ‚Schwarzfahrer‘, ‚Weib‘, ‚Zigeunersauce‘ et c. hinzudenke, weswegen dann der Gebrauch dieser Namen verboten und ein Verwender dieser Namen niedergebrüllt oder verklagt wird, sollte besser die Gesinnung der Sprecher berichtigt werden, dass kein schmähender Namengebrauch mehr geschehe. Der Friede beginnt im Menschen, jedoch nicht dardurch, dass Krieg verboten wird, sondern durch die Eröffenung der LIEBE, in DER ein „Krieg“ unsinnig und unmöglich ist.

Wer nun aber in die für geistvollen Gelauben wichtigen Worte hineindenkt, der findet Folgendes: Das mittels des Namens nhd. ‚**Tod**‘ Benannte ist als „*Irrtum, außerhalb der Liebe und außerhalb Christi zu seien*“, das mittels des Namens nhd. ‚**Sünde**‘ (ahd. ‚sunta‘) Benannte ist als „*Traum, außerhalb der Liebe und ihr abgetrennt zu seien*“, das mittels des Namens nhd. ‚**Welt**‘ (ahd. ‚weralt‘) Benannte ist als „*Menschenalter außerhalb der Ewe*“, das mittels des Namens ‚**Ewe**‘ Benannte ist als „*zeitlos weihevolles Heil*“, das mittels des Namens ‚**Heil**‘ Benannte ist als „*Eins-Seien mit der Liebe*“, das mittels des Namens ‚**Christus**‘ Benannte ist als „*ewige Einsheit der Schöpfung*“, das mittels des Namens ‚**Liebe**‘ Benannte ist als „*ewiges, seliges Eins-Seien*“, das mittels des Namens nhd. ‚**gelauben**‘ (ahd. ‚gilouben‘) Benannte ist als „*der Liebe vertrauensvoll folgen*“, das mittels des Namens ‚**Vergebung**‘ Benannte ist als „*Niederlegung oder Weggeleuchtetwerdung des Welttraumes*“, das mittels des Namens ‚**Auferstehung**‘ Benannte ist als „**Erwachung und Hineinkommung durch die Liebe aus dem Tode und Welttraume hinaus in das unendliche Leben hinein**“ zu denken. Amän.

IV. Genderismus

Was ist ‚Genderismus'? Ein Name. Diese erste Antwort ist den meisten Sprechern allerdings „zu blöd", obwohl sie zutrifft, weil sie es gewohnt sind, „die Sprache" in ihrem Denken so zu überspringen, dass sie erstens die Namen mit dem mittels derer Benannten als „selbig" setzen: „Bleistift ist kein Name, sondern ein Ding", und zweitens denken, sie bräuchten „die Sprache" zum Aufbauen der Gedanken eigentlich nicht, sondern lediglich zum Äußern des Gedachten. Dass diese Denkweise allerdings untauglich ist, Sprache, Denken und ideologische Sprachpolitik tiefer zu bedenken, bedarf keiner zusätzlichen Erörterung.

Dieser im Deutschen relativ neue Name nhd. ‚Genderismus' aber ist aus ängl. ‚gender' (aus dem Hauptnamen ward der nhd. Geschehensname ‚gendern' gebildet) und nhd. ‚-ismus' (aus hell. ‚-ismós') zusammengesetzt. Mittels dessen wird der *Richtungsversuch* benannt, Berufs- und Menschensammelnamen als *Nennmittel lediglich für nur als Cörper erachtete Menschen* zu verwenden, sodass das Genus des Namens und das Geschlecht des mittels dieses Namens Benannten in jedem Falle und ausnahmslos selbig sind. Dies solle angeblich mehr „Geschlechtergerechtigkeit" erbringen, sodass nicht mehr etwa für Lohngeleichheit für männliche und weibliche Angestellte in Deutschland geworben werden muss, sondern nur noch für Sprachgeleichschaltung. Wenn diese gelinge, so wird von den Befürwortern des Genderismus beweislos behauptet, stelle jene sich in jedem Falle mit ein. **Geschlechtsgeleichberechtigung durch Sprachgeleichschaltung?** Dies klingt so schön einfach, wie der genialisch-irre Versuch des Pädagogen Jürgen Reichen, genaue Orthographie-Unterrichtung nach der „Fibel" durch „Rechtschreibung durch bloßes Zuhören" („Schreiben nach Gehör", landläufig auch: „Lesen durch Schreiben") zu ersetzen; dieser Versuch misslang kläglich und war zudem schädlich, denn zur Lernung eines Namens oder eines Wortes braucht der Schüler etwa zehn Wiederholungen, doch zur Berichtigung eines fälschlich gelernten Namens oder Wortes bedarf er etwa fünfzig.

Ähnlich wird auch der Genderismus nichts Gutes erbringen, sondern lediglich Entgeistlichung (siehe S. 141), Vercörperlichung, Verzerrung, Veroberflächlichung der Sprache.

1. Gendern? Was ist das?

Derzeit (anno 2023) wird so viel über „das Gendern" oder „den Genderismus" geschrieben und gestritten, dass diese Namen uns an jeder Ecke unterlaufen. Die Namen sind wir allso gewohnt. Gewohnheit aber wird oft mit „Wissen" verwechselt; so täuscht der Gewohnheitshörige sich dardurch nähere oder tiefere Kenntnisse vor, die ihm nicht oder nur auswendig, mithin: erkenntnisslos und zumeist fälschlich gegeben sind. Wissen wir aber eigentlich genau, wie wir uns dies „Gendern", die angebliche „Gendergerechtheit", eine „Gendersensibilität" usf. *denken* sollen? Der Name ängl. ‚gender' ist kein ursprünglich deutscher, sondern ein aus einem ursprünglich lateinischen Namen gebildeter (aus lat. ‚genus' = „Gattung, Art, Classe, Geschlecht"). Aus der änglischen Namenmasse ward der Name herausgegriffen und ins Deutsche eingeschleppt, obwohl alternativ zu ängl. ‚gender' schon im 17. Jahrhundert aus dem Lateinischen der Name ‚Genus' darfür eingeführt wurde und noch immer verwendet wird. Aber auch „das Änglische" ist nicht die eigentliche Quelle, denn die Ängelisch Sprechenden entliehen den Namen aus dem Altfrançösischen (= ‚afrç.') ‚gendre' = nhd. ‚Genus'.

Wird das Genus eines Namens beachtet und genannt, steht dessen Gattung oder Art im Blicke der Sprecher: beispielsweise der ‚Name' ist masculinum (lat. ‚masculinum'), die ‚Nennleistung' ist femininum, jedoch das ‚Zeichen' ist ne-uterum (aus lat. ‚ne – uter' = „weder – noch").

Mittels des Namens ‚gendern' aber wird mehr benannt, als lediglich das Genus eines Namens oder der Namen zu benennen und zu beachten. Die das Gendern neuerdings fordernden und betreibenden Sprecher – nämlich die Genderisten – denken, mittels des Genderns eine „Geschlechtergerechtigkeit" zu erlangen.

2. Genderisten? Wer sind diese?

Die Genderismus-Anhänger und -Befürworter sind zumeist Sprecher, die denken, dass es ungerecht sei, dass mittels der Berufsnamen und Menschensammelnamen immer nur Menschen männlichen Geschlechts benannt würden. Wenn etwa die Namen ‚(die) Bürger', ‚(die) Lehrer', ‚Menschen', ‚Professoren', ‚(die) Schüler', ‚Soldaten', ‚Studenten' usf. verwendet werden, dann werden weibliche Anteile der mittels dieser Namen Benannten nicht explicit mitbenannt. So könnte ja gedacht werden (und wird auch von gar manchen Sprechern gedacht), dass jene ‚Bürger', ‚(die) Lehrer', ‚Menschen', ‚Professoren' et c. auschließlich „Männer" seien. O welch ein schlimmes Unrecht! Unter der Mehrzahlform „(die) Menschen" könnte gedacht werden, dass unter ihnen nur Männer seien? Aber sei Dies wirklich als „Unrecht" zu erachten? Es wäre einseitig und oberflächlich, mithin: *untrefflich* gedacht, aber ohne jemanden zu verletzen, ohne ihn zu schädigen, ohne ihn zu beleidigen, mithin: dar ist *kein Unrecht*. Nur die gewohnheits- und modehörigen Feministen und Genderisten behaupten, es sei doch dar!

In den obigen Namen bleibe aber der mitgemeinte weibliche Anteil „unsichtbahr"; dies wird von den Genderisten behauptet, und deswegen komme es zu diesem hauptsächlich vermuteten

Denken der Sprechermehrheit, nämlich dass mittels all der obigen Namen nur Männer benannt würden. Zudem fordern die Genderisten, durch eine aufgezwungene, willkürlich modificierte Sprache sei „Freiheit der Geschlechter in der Gesellschafft" zu erlangen.

Freiheit durch Zwang? Jeder Sprecher des Deutschen soll gezwungen werden, nurmehr solche Namen zu verwenden, deren Genus mit dem Geschlecht des mittels dieser Namen Benannten selbig ist (wie beispielsweise im Falle der Namen nhd. ‚Mutter' und nhd. ‚Vater') oder im Falle der Namen mit neutralem Genus beide Naturgeschlechter zulassen (wie im Falle des Names nhd., mhd. ‚Kind'). Zu allen anderen Namen müsse unbedingt ein femininer Gegenname mitgenannt werden (beispellsweise „Bürger und Bürgerinnen", „Einwohner und Einwohnerinnen", „Inspectoren und Inspectorinnen", „Demonstranten und Demonstrantinnen" usw.). Warum?

Mithin müssten allerdings Namen wie beispielsweise nhd. ‚die Canaille', ‚der Durchschnittsmensch', ‚das Genie', ‚die Koryphäe' et c. eigentlich unbedingt modificiert werden, *um die Freiheit der Geschlechter zu erzwingen.* So werden Namen wie ‚Menschinnen' (auch in der schrägen Gestalt ‚MenschInnen' erfunden). Aber Dies beachten die Genderisten in geringerem Maße. Es scheint, als gelte ihr Interesse vorwiegend *der Abwehr einer als „Angriff" oder „Unrecht" erdeuteten bloßen Präsenz der Mitbürger männlichen Geschlechts.*

Was verstehen diese Leute allso der Sprache und aus deren Zusammenhängen? Sie verwenden „die Sprache", ja, sie bestreben, „sie" für ihre ideologischen Zwecke einzudetzen und zu verändern, ja, aber sie verstehen „die Sprache" lediglich als „formales Werkzeug für die Gedankenäußerung", nicht als „inhaltvermittelndes Werkzeug für den Gedankenauf- und -zusammenbau", nicht als Grundlage für Denkerweiterung, -vertiefung und des Denkgegenstandverbindens.

Sie denken beispielsweise, eine Frau *dürfe* nicht etwa dem Beruf des Schriftstellers nachgehen, sondern wenn, dann nur dem „der Schriftstellerin". Aber ist uns ein solcher in unserer reichen, tradierten Sprache vorgegeben? Die Schriftstellerin übt nicht *den Beruf der Schriftstellerin* aus, sondern *den Beruf des Schriftstellers*, weil dieser ohne Cörpergeschlecht gedacht wird, das für diesen Beruf nämlich einerlei ist. Wenn es aber geradezu verboten wird, dass eine Frau den Beruf des Schriftstellers ergreift oder ausübt, weil der bloße Name ‚Schriftsteller' ja masculin ist, dann ist zu sehen, dass der Genderismus ein geschlechterkampfhafter Formalismus ist, der tatsächlich eher eine Abart des geistlosen Sexismus ist, mittels dessen die nach Ansicht der Feministen in der Gesellschafft auszuübende Function verbindlich vorgegeben wird. Und ein solcher **Geschlechtsformalismus erbringe uns Gerechtigheit und Freiheit?**

3. Was liegt dem Genderismus zugrunde?

Abgründige Irrtümer, Unwissen, Unterstellungen und unzutreffende Deutungen liegen dem Genderismus zugrunde, die jedoch kein Genderist in Frage stellt, zu berichtigen oder zu plausibilisieren sucht. Zu den Irrtümern zählen wir erstens den zu deuten, das *Genus* eines Namens sei mit dem *Geschlecht* des mittels dieses Namens Benannten selbig [alias ‚identisch'] und müsse es sein. So steht ‚(der) Mensch' als Name im masculinen Genus, sodass das damit benannte Seiende männlichen Geschlechtes seien müsse, zweitens den Irrtum, zu unterstellen, dass dies ein Unrecht enthalte, wenn dies Verhältniss nicht explicit eingehalten werde (nämlich wenn „der Mensch" plötzlich doch als „weiblichen Geschlechts" ersehen wird), drittens den, zu unterstellen, dass alle Sprecher dies Unrecht mit böser Absicht und vollem Wissen begingen, und letztens den Irrtum, all diesem nur erdeuteten und unterstellten Unfug eine prüflose

Geltung zu erteilen, als sei es „erwiesen zutreffende Wissenschaft" (siehe Fußnote S. 3).

So ist der Genderismus eigentlich als „grundlos" zu befinden; es sei denn, wir wollten als dessen „Grund" eine Wichtigtuerei zumeist weiblicher Sprecher mit geringem oder oberflachem Sprachverstand entdecken.

4. Was genau ist eigentlich gemeint?

Irgend schon in den 1980er Jahren „entdeckten" Sprecherinnen des Deutschen aus der emancipatorischen* oder aus der linksgrünen Scene**, dass die Mehrheit der Leser, die etwa die Namen ‚Lehrer', ‚Schüler' oder ‚Student' lasen oder hörten, zu denken bewogen waren und dachten, mittels dieser Namen seien nur „männliche Lehrer", „männliche Schüler" oder allein „männliche Studenten" benannt und gemeint. Das aber führte darzu, dass in einer Aussage, die Uni X habe 10.000 Studenten, gedacht werden konnte und von manchen Sprechern auch gedacht wurde, dort seien 10.000 Studenten *nur männlichen Geschlechtes* eingeschrieben. Dies wiederum mochte extrem cörperbetont und geistvermeidend ausgelegt werden, dass nur „Menschen mit Penis" (sic!) dort studierten, was wiederum gegenüber den „Menschen ohne Penis" als „ungerecht" erdeutet wurde, denn auch diese studierten ja an der Uni X. In all den Sätzen ohne feminine Namensformen für sie seien die weiblichen Menschen für Leser und Hörer „unsichtbahr", was wiederum „ungerecht" sei. Welches Unrecht? Das des bloßen nicht expliciten Mitgenanntwerdens? Deswegen wurde empört

---

* ‚Scene' = „Schauplatz auf der Bühnen mit Bühnenbild, Dramenauftritt", aus f ‚scène' und lat. ‚scena'

** ‚emancipatorisch', ‚emancipieren' = „freilassen", aus lat. ‚emancipare' = ‚ex manu capere' = „aus der Hand geben, aus dem Mancipium geben"

gefordert, sofort deutlich zwischen „Studenten und Studentinnen" zu scheiden, aber auch zwischen „Professoren und Professorinnen", „Schülern und Schülerinnen" et c.

Aber war es wirklich als „Unrecht" zu deuten, wenn Professorinnen sich beim Namen „die Professoren(schafft) der Uni" als „nicht mitbenannt" erachten mochten? Und was war mit all den anderen unbenannten oder nicht ausdrücklich benannten Menschen? Wenn jemand etwa „die Einwohner einer Stadt" ansprach, dann wurden nach dieser Deutungsweise ja nur die männlichen Einwohner angesprochen, nicht jedoch die weiblichen, weil der Name nhd. ‚Einwohner' im masculinen Genus ist. Aber auch „die über 65 Jahre alten Mitmenschen" wurden nicht explicit mitbenannt oder angesprochen, „die Verkrüppelten", „die Wohnungs- oder gar Obdachlosen", „die mit oder ohne Abitur Seienden", „die Jenigen, die in der Nähe eines Atomkraftwerkes wohnen", „die Arbeitsplatzlosen", „die Autofahrer", „die Behinderten", „die Delinquenten", „die Raucher", „die Sympathisanten der IRA, der AfD oder der Grünen" und, und, und. Welch ein Unrecht, all diese Gruppen nicht explicit einzeln mitzubenennen und deutlich anzusprechen!

5. Was soll durch den Genderismus erreicht werden?

Dies bemerkte, von einem Lager der Sprecherinnen empfundene – wenn auch nur eigenwillig erdeutete – „Unrecht" in der Sprache wurde bald darauf als „eins mit dem Unrecht der Frauenbenachteiligung/-unterdrückung" überhaupt erdeutet und zusammengeklumpt. So kamen die Sprachkämpferinnen auf den Gedanken, dass eine „geschlechtergerechte Sprache" nicht nur das Unrecht in der Sprache, sondern auch alles Unrecht in der Gemeinde oder der Gesellschafft zwischen dem männlichen und dem weiblichen Lager beseitigen werde. – Das wäre ja schön einfach!

Darzu schreibt der deutsch-iranische Schriftsteller und Orientalist Navid Kermani, es sei ein „Trugschluss", dass sich aus der Geleichheit der Genera der Namen eine Geleichheit der Geschlechter in der Gesellschafft ergebe, denn „sonst müsste es in der Türkei oder im Iran anders zugehen". So zeigt sich auch hier, dass „GrünInnen" zu Theorien neigen, die derweil der Umsetzung in die Praxis kläglich untergehen (werden).

Was wird ihnen als Nächstes einfallen? Vielleicht die Entdeckung, es sei ungerecht, dass der bloße Name ‚(die/alle) Menschen' ja „die Linkshänderinnen" in der Vorstellungskraft der Lesenden und Hörenden unsichtbar bleiben lasse, die damit doch wohl mitgemeint seien? Dann müssten wir schleunigst neue Endungen für unsere Namen erfinden und ihnen anhängen, um dies schlimme Unrecht für die armen leidenden Linkshänderinnen auszumerzen! – Solch irre Politik ist unduldbahr!

6. Wie gedenken die Sprachumstürzlerinnen das vermeinte „Unrecht" zu vermeiden?

Jene die Gestalt der Sprache überwachenden Irrtumsjüngerinnen, die dem Irrtume huldigen und folgen, *„die Sprache"* zu *einem Nur-Cörper-Anzeige-Medium zu entgeistlichen*, fordern, diese Sprache – unsere hehre, den Weg zum Geiste weisende Sprache! – müsse geändert werden. Doch „Gendern wird nichts ändern" (Aufkleberspruch), jedes Falles nicht am Irrtume, dass mittels der in der Mehrzahl (Mz.) stehenden Namen ‚die Professoren', ‚die Schüler', ‚die Studenten' usf. nur und ausschließlich Menschen mit männlichem Geschlechte zu benennen seien und benannt würden! Schon nhd. ‚(der) Mensch' ist zwar als Name masculin, doch werden mittels der Mz.-Gestalt ‚(die) Menschen' auch alle Menschen weiblichen Geschlechtes (mit-) benannt – sogar Linkshänderinnen! Das aber wurde von den extremen Vercörperlichern der Sprache als „ungenügend" erachtet, so dass sie beispielsweise den unannehmbaren Namen „(die) Menschinnen" erfanden. Welch absurder Irrsinn!

Jedes Falles beabsichtigten die Sprachvercörperlichungskämpferinnen, vermeintes Unrecht und vermeinte Ungerechtigheiten zu vermeiden. Dies Anliegen wirft schon mehrere Fragen auf, nämlich a): seien „Genus" eines Wortes oder Namens und „Geschlecht" des Benannten nicht in jedem Falle selbig? Und b): Welche zu vermeidenden tatsächlichen Ungerechtigheiten seien genau gemeint? Und c): seien „Name" und „Wort" nicht selbig?

Beantworten wir zunächst die dritte Frage. Der Name nhd. ‚Name' (ahd. ‚namo') ist mit nhd. ‚nennen' (ahd. ‚nemnen') verwandt; mittels eines Namens wird etwas benannt, sodass der Name als „Nennmittel" gedacht werden möge. Das „Wort" aber liegt nicht einfach vor, außer im Wörterbuche, sondern wird in jedem sprachlernenden Sprecher erst auf einem zu lernenden Namen gebildet, auf ihm aufgebaut, indem zu diesem etwas von dem und den Sprechenden hinzugedacht, hinzugebildet, hinzugefügt, hinzugewertet und mit ihm zu einer Einheit verbunden wird. Denken wir uns beispielsweise den bloßen Namen nhd. ‚Frühstück'. Dies ist die Nennleistung des Namens: „das frühe Stück (Brotes)"; wir benennen mittels seiner gemeinhin „das erste Mahl des Tages". Trotz der Nennleistung, wie sie etwa im Wörterbuch steht, ist dieser Name für den Sprachlernenden aber noch kein Wort. Erst wenn er Folgendes hinzudenkt, hinzufügt, hinzuwertet: „das frühe Stück Brotes" (Herkunftskunde), das Bild des gedeckten Tisches, Kaffee, Ei, Käse, Duft, lecker et c. und all Dies *mit dem Namen verbindet*, dann *wird aus ihm ein Wort* in dieses Sprechers Sprachdenken.

So ist im Worte ein (gedachter, bebilderter, empfundener, gewerteter) **Inhalt, im Namen** als bloß Nennendem **jedoch nicht**.

Die erste der obigen drei Fragen zu beantworten, ist deutlich minder einfach. Wieso sei denn eines Namens Genus mit des Benannten Geschlecht zu beselbigen und wozu? Bei einigen ist das zwar so [beispielsweise ist es wohlgefügt, dass etwa ‚der Keiler‘ (oder ‚der Eber‘, ‚der Hengst‘, der Stier‘) in masculinem Genus und das mittels der Namen Benannte männlichen Geschlechts sind; passend darzu sind ‚die Bache‘ (‚die Sau‘, ‚die Stute‘, ‚die Kuh‘) feminin und das Benannte weiblichen Geschlechtes]. Daraus ist allerdings keine Erforderniss abzuleiten, die anderen Namen, bei denen das nicht so schön einfach ist, zu verurteilen oder zu modificieren. Denken wir uns beispielsweise den Namen nhd. ‚Schüler‘. Dessen Genus ist masculin: ‚*der* Schüler‘. Ist der benannte Schüler als lebender Cörper nun männlich, dann ist dort keine Abweichung; ist „er" aber weiblich, dann liegt eine Abweichung vor. Diese deuten die Gender-Befürworter als „ungerecht", denn wenn mittels des verwendeten Namens ‚Schüler‘ nur solche mit männlichen Cörpern benannt werden, denn werden weibliche Schüler nicht genannt oder angesprochen und blieben in der Vorstellungskraft der Sprecher, Hörer, Leser „unsichtbahr" (siehe oben: **5.**).

„Ja, und?", werden die meisten Sprecher zu fragen geneigt seien. Wenn wir eine Menschenmenge beispielsweise mittels des Namens „liebe Freunde!" ansprechen, müssen dann diese Angesprochenen es als „ungerecht" empfinden, dass all ihre Personennamen nicht einzeln genannt wurden? Liegt dieser Unrechts- oder Ungerechtigkeitsempfindung (oder nur ideologisch bedingter -erdeutung?) nicht ein maßlos überzogener Wichtigkeitsdünkel solcher Sprecher zugrunde, die weder zu beachten noch zu bedenken vermögen, dass eines Namens Genus nicht mit dem Geschlechte des (Fleisch-)Cörpers des Benannten *selbig* seien kann, doch ihm besten Falles *entspricht*?

7. Rassismus

Mit dem Genderismus ging die Neuentdeckung des Rassismus für Sprachverfälscher und -verpfuscher einher; zahllose Genderisten erweisen sich auch als „Rassisten", weil sie nämlich in erstaunlich vielen, gänzlich harmlosen Völkernamen „Rassimus" herauslesen oder -hören. Rassisten sind solche Sprecher mit nur oberflachem Sprachverständniss, die ernstlich behaupten, ein Sprecher, der auch nur die Namen ‚Afrikaner', ‚Eskimos', ‚Hottentotten', ‚Indianer', ‚Kaffern', ‚Mohren', ‚Neger', ‚Südländer' usf. oder auch nur unaggressive, wertungslose Namenfolgen oder Zusammensetzungen wie ‚Cowboy-und-Indianer-Spielen', ‚Wer-hat-Angst-vorm-schwarzen-Mann?', ‚Zigeunersauce' usf. verwende, beweise dardurch, dass er ein „Rassist" sei, auch wenn er vielleicht ein Kind ist, das noch an nichts Böses bei solchen Namen denkt oder ein studierter Sprachwissenschaffter ist, der gerade und bewissentlich nichts Abwertendes, Ausgrenzerisches, Verurteilendes zu den Namen hinzudenkt, sondern etwas nur Sprachwissenschaffliches. Auch ist die Existenz der vorgeblichen „Menschenrassen" mitteler Weile als „einstige Feeldeutung*" herausgestellt worden, sodass ein „Rassist" eigentlich unmöglich geworden ist. Aber die schrägen Sprachwächter verwenden den Namen aber so, wie es die Rassisten tuen, und gesellen sich ihnen allso ungewollt zu. Genderisten und ihre Gesinnungsgenossinnen treten zudem mit dem moral-(ist)ischen Anspruch auf, dass die Verwendung solcher Namen jedes Falles zu unterlassen sei; wer sie dennoch verwende, der sei Rassist oder ein AfDler. Man bedenke: die bloße Nennung eines Namens außerhalb jedes Zusammenhanges mit rassistischen Gedanken genügt den Genderisten schon, bei ihnen als ein „Rassist" zu gelten.

8. Die Grundsatzfrage

Uns stellt sich nun nach all Dem betreffs das Gendern die Grundsatzfrage:

Sei der Wunsch der Beselbigung des Genus eines Namens und des Geschlechtes des mittels seiner Benannten in jedem Falle als „grammatikalisch gut" und als „für die Sprache gut" zu erachten?

Beginnen wir die Untersuchung dieser Frage mit dem Namen nhd. ‚Gott' (ahd. ‚god'), der im masculinen Genus geführt wird (siehe S. 139). Müssen wir und das mittels dieses Namens ‚Gott' Benannte als „männlichen Geschlechtes" denken, nur weil dieser Name im masculinen Genus ist? Wer die Sache des Jenseits ernst nimmt, der weiß vielleicht oder vermutlich, dass in der Textstelle Joh 4,24 in der Evangeliumsschrift nach Johannes zu lesen steht: „Gott ist Geist, und wer zu ihm beten will, der muss dies im Geiste und in der Wahrheit tun." (Übersetzung und Buchstabierung nach Luther).

Zwar ist auch der Name nhd. ‚Geist' (ahd. ‚geist') im masculinen Genus, jedoch ist das mittels des Namens ‚Geist' Benannte zweifellos kein Fleischcörper eines zu bestimmenden Geschlechtes. Genus (oder Gattung) und Geschlecht sind in diesem Falle also nicht selbig, weil kein Geschlecht des Benannten möglich ist.

Kommen wir als Nächstes zu dem Namen nhd. ‚Mensch' (ahd. ‚mennisco'). Auch dieser ist im maskulinen Genus. Zwar lässt sich bei dem mittels des Namens ‚Mensch' Benannten auf Erden ein Cörper nachweisen, doch sei „der Mensch" in der Wahrheit des Geistes vollständig und nur „ein Cörper"?

In der Evangeliumsschrift nach Matthäus steht zu lesen: „Fürchtet euch nicht vor denen, die nur den Leib töten, jedoch die Seele nicht töten können." (Mt 10,28). Der Mensch ist demnach in der Wahrheit des Geistes als unsterbliche „Seele" zu denken, nicht jedoch als sterblicher „Cörper" (oder als „Leib"), mithin: eigentlich ohne Geschlecht.

Hier mag nun ein agnostischer oder atheistischer Sprecher einwerfen, er sehe „den Menschen" nicht so, wie „er" in der Bibel benannt werde, aber bedenken wir Folgendes: wenn „der Mensch" nur ein Cörper wäre, keine Seele, dann wäre auch ein im Koma liegender menschlicher Cörper oder ein Menschencörper mit schweren Hirntraumata, mit Aphasie, Defecten in der Cognition oder mit Totaldemenz à la Alzheimer „der eine selbe Mensch" wie vor dessen Krankheit, denn der Cörper wäre ja noch genau so dar, wie zuvor. Würden wir so „dem Menschen" als Ganzen und ihm als „Seele" gerecht? Wer das Geistliche oder die geistliche Seite des Menschen in Abrede stellt oder verleugenet, der verzerrt ihn einseitig zu etwas Geistlosem; so wird er dem wahren, eigentlichen Menschen nicht gerecht.

Nehmen wir als vierten zu untersuchenden noch den Namen ‚Seele'. Dieser Name nhd. ‚Seele' (ahd. ‚se[u]la') ist zwar im femininen Genus, doch weil das mittels dieses Namens Benannte zweifellos *fleischlos* ist, fällt trotz eindeutiger Genus- oder Gattungsbestimmung des Namens eine Geschlechtsbestimmung des Benannten aus.

Was brächte nun aber die Bildung einer femininen Form namens ‚Menschin' als Gegenstück zur masculinen Form Namens nhd. ‚Mensch'? Das Bestehen beider Formen nebeneinander erbrächte vermutlich lediglich die folgende Schlussfolgerung, „der Mensch" sei zweier Geschlechter, mithin: er sei *doch* als „Cörper" zu denken, nicht als „(geistliche) Seele".

Dies ist also die zumeist unbemerkte Folge des „Genderns": das Geistliche – der eigentliche Mensch – wird in Gedanken *vercörpert* (insofern, als er deutend auf Materielles beschränkt wird) und demnach *entgeistlicht* (alias ‚entseelt'; „die Seele" aber ist aus „Geist").

Wie steht es aber mit anderen Namen wie etwa nhd. ‚(der) Bürger‘, nhd. ‚(das) Ich‘, ‚Lehrer‘, ‚Mädchen‘, ‚Student‘ et c.? Mittels all ihrer wird „der Mensch" oder ein Teil seiner Gesammtheit in bestimmten Zusammenhängen benannt, jedoch wird stets *das Geistliche des Menschen* nicht mitbenannt. Es sollte dennoch *mitgedacht* werden, um das Wesentliche des Menschen im Sinne zu halten, statt sich mit der einseitigen Besinnung auf das Fleischcörpergeschlecht dem Wesentlichen abzulenken.

Wozu dann aber noch die „Genderisierung"? Denkt jemand ernstlich, der mittels des Namens nhd. ‚Mädchen‘ (älter nhd. ‚Mägdchen‘, zu nhd. ‚Magd‘, ahd. ‚magad‘) benannte weibliche junge Mensch sei „ein Zwitter", nur weil der Name in neutralem Genus ist? Müssen die mittels der Namen nhd. ‚Canaille‘ oder nhd. ‚Koryphäe‘ benannten Zeitgenossen jedes Falles weiblichen Geschlechts seien, nur weil die Namen feminin sind? Muss das mittels des Namens nhd. ‚Genie‘ als Cörper ein Zwitter sein, nur weil dieser Name ne-uteral oder „im Ne-utrum" ist? Wenn nicht, wieso müsse dann der mittels des Namens nhd. ‚(der) Bürger‘ (ahd. ‚burgari‘) benannte Mensch zwingend ein „Mann" und *nur* ein Mann sein? Die eine selbe Frage ist zu den Namen ‚Bäcker‘, ‚Lehrer‘, ‚Radfahrer‘, ‚Student‘, ‚Spaziergänger‘, ja auch zu: ‚Vogel‘ usf. zu stellen.

Der Genderismus erbringt lediglich: Vercörperlichung, Entgeistlichung und Ablenkung, nämlich: dem Wesentlichen ab. Mögen wir diese gewinnlose, rechtschreibfeindliche, geistvermeidende Denk- und Sprechmode so bald wie möglich niederlegen!

Demnach ist die Antwort der obigen Frage: **Der Wunsch der Beselbigung des Genus eines Namens und des Geschlechtes des mittels seiner Benannten ist in jedem Falle als „grammatikalisch falsch" und zudem als „für die Sprache schädlich" zu erachten und deswegen schleunigst niederzulegen, und der Genderismus ist ab-**

zuschaffen. Im Übrigen sollte die Gesetzgebung zum Schutze der deutschen Sprache nachziehen und *per legem* verbieten, dass solch ein geistloser Unfug nochmals über uns und unsere Sprache ausgegossen werde!

Es ist ohnehin dringend zu bedenken, dass unsere Sprache nicht im Grundgesetze geschützt wird. Damit ist die Bundesrepublik Deutschland der einzige Staat in Europa, dessen gewählte Träger seine Sprache so gering schätzen, dass sie sie nicht im Grundgesetz beachten und einen ihr gebührenden Schutz gewähren.

Für alle Sprecher aber möge gelten:

„Wahret euere Sprache; sprecht und schreibt nur dann, wenn ihr in die zu verwendenden Worte prüfend hineingedacht und das eigentliche Gedachte darinnen gefunden und für gut befunden habt!"

9. Schrifttum

Henkel, Jürgen (Hg.): „Auftrag und Wahrheit", 2. Jg. (2022/2023), Heft 1, Bonn

Hümpel, Rieke: „Gendern – das erinnert mich inzwischen an einen Fleischwolf", in: „Die Welt" (24.02.2021)

Kermani, Navid: „Mann, Frau, völlig egal", in: „Die Zeit" (04.01.2022)

Wegener, Heide: „Die Gender-Lobby und ihr Märchen vom Sprachwandel", in: „Die Welt" (20.02.2022)

V. Sondernamenbuch

Mancher verwendete Name mag in unüblicher Buchstabierung erscheinen. Im Falle der Namen hellenischen Ursprunges liegt Dies in der Umschrift aus dem hellenischen Alphabät in das deutsche ABC begründet. Hier gilt: nhd. ‚e' für hell. ‚è psilón', ‚ä' für hell. ‚äta' (demgemäß ‚bäta', ‚zäta', ‚thäta'), ‚t' für hell. ‚taû', ‚th' für hell. ‚thäta', ‚ph' für hell. ‚phî', ‚o' für hell. ‚ò mikrón', ‚oh' für hell. ‚ôh méga', ‚rh' für anlautendes hell. ‚rho', ‚u' für hell. ‚û psilón' (hell. ‚psilós' = nhd. ‚bloß', ‚glatt', ‚kahl').
Für die Beleuchtung der anderen Namen möge folgende Liste helfen:

das ‚**ABC**' = „deutsches Buchstabengefüge"

der ‚**Ablativ**' = 6. Fall in der lat. Namenfolge- und Sprachgestaltungskunst (alias ‚Grammatik'); darin sind zwei Fälle mehr denn in der deutschen; siehe auch ‚**Vocativ**'!

‚**afränk.**' = Kürzel für ‚altfränkisch'; siehe dort!

‚**ahd.**' = Kürzel für ‚althochdeutsch'; siehe dort!

‚**aisl.**' = Kürzel für ‚altisländisch'; siehe dort!

‚**allso**' = „all(es) so, ergo"

das ‚**Alphabät**' = „hellenisches AB ohne ‚c' (das darin nicht ist)"

‚**altfränkisch**' = „alte fränkische Sprechweise"

‚**althochdeutsch**' = „alte hochdeutsche Sprechweise"; verwendet etwa zwischen 750 n.d.Jzw. – 1050 n.d.Jzw.

‚**altisländisch**' = „nach alter Art der Isländer; altislandsprachlich"

‚**altniederfränkisch**' = „nach alter Art der Niederfranken"

‚**altsächsisch**' = „nach alter Art der Sachsen; altsachsensprachlich"

‚**ander**' = „nicht dies, nicht hier, nicht so"; alte Steigerung

die ‚**Anderheit**' = „das Andersseien"

‚**andfrk.**‘ = Kürzel für ‚altniederfränkisch‘; siehe dort!

das ‚**Angelland**‘ = „Land der Angel(sachse)n"

die ‚**Angel(sachse)n**‘ = „Germanenstamm, der etwa aus dem Gebiete des heutigen Schleswig-Holsteins über die Nordsee hinweg Angelland besiedelte"

das ‚**Ängland**‘ = „ängelisches Land"; siehe ‚**Angelland**‘!

‚**ängelisch**‘ = „nach Art der Angeln; angelsprachlich"

‚**ängl.**‘ = Kürzel für ‚ängelisch‘; siehe dort!

‚**as.**‘ = Kürzel für ‚altsächsisch‘; siehe dort!

die ‚**Auferstehung**‘ = „Hineinkommung in das Leben, Erwachung aus dem Tode"; siehe dort!

‚**auswendig**‘ = „nach außen gewendet; inwendigheitslos, geistlos". Wenn ein Umgangssprächeler bekundet, er könne etwas auswendig, dann meint er zumeist, er wisse einen Text oder eine Zahlenfolge aufzusprechen, ohne jenen oder diese aus einem Buche abzulesen. Die eigentliche Nennleistung des Namens ‚auswendig‘ ist aber, „nur auswendig, nämlich ohne eröffenetes Inneres"

das ‚**Auswendigtum**‘ = „das Reich des nur Vernehmlichen, mithin: der geistlosen Gestalt und Hüllen ohne Inwendiges"

‚**-bahr**‘ = „behrend, tragend, mit sich führend"; siehe ‚**behren**‘

‚**-bar**‘ = „bar, bloß, ohne Hülle"

‚**barfuß**‘ = „mit bloßen Füßen, ohne Schuhe"

‚**begegenen**‘ (mhd. ‚begegenen‘)= „(ent)gegen kommen"

‚**begeisten**‘ = mit Geist erfüllen

‚**begeistern**‘ = mit mehreren Geistern verwirren

‚**begeistet**‘ = vom Geiste erfüllt

die ‚**Begeistung**‘ = Erfüllung mit Geist

‚**begeleiten**‘ = „jemand Bestimmtem Geleit geben"

‚**begenaden**‘ = „jemandem Genade gewähren"; siehe ‚**Genade**‘!

‚**begenadet**‘ = „mit Genade versehen"

‚**begenügen**‘ = „genug geben", zu ‚genug‘

‚behren‘, ‚biehrt‘, ‚bahr‘, ‚bähre‘, ‚(ge-)bohren‘ = „(auf einer
  Bahre) tragen, mit sich führen, nicht entbehren“; siehe
  ‚-bahr‘, ‚entbehren‘, ‚gebehren‘!
das ‚Beispell‘ = „bedeutvoller Sprech darbei“; siehe ‚spellen‘!
‚bespellen‘, ‚beispellen‘ = „etwas bedeutvoll besprechen“
‚beispellsweise‘ = „in der Weise bedeutungsvollen Sprechens“
‚bestetigen‘ = „stetig zu werden bewegen, stet zu seien bekunden“
‚biehrt‘ = 3. Person Einzahl Gegenwart zu ‚behren‘

‚causal‘ = „ursächlich“, zu lat. ‚causa‘
die ‚Causalität‘ = „Ursächlichheit; die Denkrichtung nach (vermeinten) Ursachen“; siehe aber ‚Wirkverbundgedächt‘!
der ‚Christós‘, ‚Christus‘ = „Gesalbter“, zu hell. ‚chríein‘,
  ‚christós‘, latinisiert ‚Christus‘, lehenübersetzt aus hebr.
  ‚maschiah‘.
die ‚Classe‘ = „Abteilung“, aus lat. ‚classis‘ (‚calo‘)
‚con-‘ = „ge-, (gemeinsamm) mit, sammt“, zu lat. ‚con-‘, ‚cum‘
  (alat. ‚com‘)
die ‚Condicion‘ = „Gesagung, Übereinkunft; Bedingung“, zu
  lat. ‚condicio‘, ‚con-dicere‘; der Name nhd. ‚Condition‘ wäre
  mit ‚Conditor‘ verwandt.
die ‚Convention‘ = „Zusammenkunft, Übereinkunft“, frç. ‚convention‘, zu lat. ‚conventio‘, ‚convenire‘, ‚conventum‘, ‚zu
  ‚con-‘ = ‚mit, zusammen‘ und ‚venire‘ = ‚kommen‘
der ‚Cörper‘ = „Körper“, zu lat. ‚corpus‘, Ablativ: ‚corpore‘
das ‚Creuc‘ = „Balken quer über Balken“, zu lat. ‚crux‘, ‚crucis‘
‚creucigen‘ = „an ein Creuc nageln; ermorden“; siehe ‚Creuc‘!

der ‚Dacht‘ = „Tat des Denkens, Gedanke“; so auch noch in
  (An-/Be-/Ver-)Dacht“
‚dämokratisch‘ = „nach Art der Volksmacht“; zu hell. ‚dämokratía‘ (ein ‚äta‘ ist kein ‚è psilón‘)

‚**dar**‘ = „dort“; dem ‚da‘ entfiel ein ‚r‘, das jedoch in ‚dar-an‘, ‚dar-auf‘, ‚dar-um‘, ‚dar-unter‘, et c. noch dar ist.

‚**-de**‘ = „Getanes, Gefügtes, Gewordenes“; so ist das ‚Gemäl-de‘ als „das Gemalte, malend Gewordenes“ zu denken.

‚**dritter Fall**‘ = „Dativ“

‚**eigenen**‘ (mhd. ‚eigenen‘) = „Eigener/Eigentümer seien, dem Etwas eigen ist“

‚**engelisch**‘ = „nach Art der Engel“; nicht verwandt mit ‚ängel-isch‘; siehe dort!

‚**entbehren**‘ = „unbehren, nicht behren“; siehe ‚**gebehren**‘!

‚**entgegenen**‘ (mhd. ‚engegenen‘) = „entgegensprechen“; das ‚**Erdeutniss**‘ = „Erdeutetes“; zu ‚-niss‘ siehe dort!

‚**eröffenen**‘ = „offen zu werden bewegen“; siehe ‚**öffenen**‘!

die ‚**Etymologie**‘ = „Namen- und Nennleistungsgeschichts-kunde“, zu hell. ‚étymos‘ und ‚lógos‘

die ‚**Evangeliumsschrift**‘ = „Schrift, in der die frohe Botschafft (= hell. ‚Euaggelion‘) verkündet wird“.

die ‚**Ewe**‘ = „Außerzeit, Wandellosigheit, Zeitlos weihevolles Heil“

‚**ewig**‘ = „durch Ewe bestimmt“

‚**explicit**‘ = „ausführlich, ausdrücklich“, aus lat. ‚explicare‘ (= „ausbreiten“)

‚**Ez.**‘ = Kürzel für ‚Einzahl‘ (alias ‚Singular‘)

‚**f.**‘ = „Femininum“, zu lat. ‚femininum‘, ‚femina‘

‚**fnhd.**‘ = Kürzel für ‚frühneuhochdeutsch‘

‚**französisch**’ = „französisch“, doch „*en français*“ mit ‚ç‘ statt ‚z‘ und mit ‚ai‘ alias nhd. ‚ä‘ (statt mit ‚eu‘ alias nhd. ‚ö‘).

‚**frç.**’ = „französisch“ (siehe dort!), zu frç. ‚français’

‚**frühneuhochdeutsch**‘ = frühe neuhochdeutsche Sprechweise (etwa vor dem Jahre 1600, auch als „Lutherdeutsch“ bekannt, in dem Luther die Bibel übersetzte) der ‚**Fug**‘ = „ineinander passender Verbund"; Gegenteil: ‚Unfug‘, zu nhd. ‚fügen‘ (ahd. ‚fuogen‘, ängl. ‚(to) fay‘)

die ‚**Function**‘ = „Verrichtung(sweise), Vollbringungsweise", aus lat. ‚fungi‘ (= „verrichten, vollbringen")

der ‚**Fürstand**‘ = „Verstand, darin die Namen *für* das mittels ihrer Benannte *stehen*"

‚**ge-**‘ = „all, sämmtlich"; verwandt mit hell. ‚syn‘ und lat. ‚cum‘

‚**gebahren**‘ (ahd. ‚gibaron‘) = „sich betragen"

‚**geben**‘, ‚giebt‘, ‚gab‘, ‚gäbe‘, ‚(ge-)geben‘ = „hervorbringen"

‚**gebehren**‘, ‚gebiehrt‘, ‚gebahr‘, ‚gebähre‘, ‚gebohren‘ = „austragen"

die ‚**Gebohrenheit**‘ = „Ausgetragenheit"

die ‚**Gebuhrt**‘ = „Austragung"; nicht: „Entbindung"

‚**gecreucigt**‘ = „am Creuce ermordet"; siehe ‚**creucigen**‘!

das ‚**Gedächt**‘ = „gesammte Dächte", siehe ‚**Dacht**‘!

die ‚**Gefaar**‘ = „gesammte Faar", nicht mit ‚fahr-en‘ verwandt, doch mit ängl. ‚fear‘.

das ‚**Gehäge**‘ = Sammelungsbildung zu nhd. Hag‘ (ahd. ‚hag‘)

der ‚**Gelaube**‘ (mhd. ‚geloube‘, ahd. ‚gilouba‘) = „lobendes Vertrauen in die LIEBE", verwandt mit nhd. ‚lieb(en)‘, ‚loben‘, erlauben‘

‚**gelauben**‘ (ahd. ‚gilouben‘) = „der Liebe lobend vertrauen"

‚**geleich**‘ (mhd. ‚gelich‘) = „ohne zu sehenden Unterschied"; siehe ‚**Leiche**‘, ‚-**lich**‘!

‚**geleichen**‘ (mhd. ‚gelichen‘) = „ohne Gestaltunterschied seien"

das ‚**Gelück**‘ = „gesammtes Lück", zu mndl. ‚(ghe-)lucke, mhd. ‚gelücke‘; dem Namen ‚G'lück‘ entfiel ein ‚e‘

die ‚**Genade**‘ = „gesammte Nade"; der ‚G'nade‘ entfiel ein ‚e‘

‚**gendern**‘ = „die ängl. Version des Genus‘ verwenden"; „wähnen, das Genus sei ein Fleischcörpergeschlecht"

‚**generisch**‘ = „das Genus betreffend – nicht die Geschlechter!"

‚**geordenet**‘ = „in (der) Ordenung"; siehe ‚**ordene**n‘!

‚gesammt' = „gesammelt, sämmtlich", zu ‚-samm', ‚sammeln',
    ‚zusammen', nicht zu ‚Samt', ‚samten'
das ‚**Geschäfft**' = „gesammte Schafft; gesammtes Schaffen"
der ‚**Geschehensname**' = „Verbum
‚**geseiend**' = „gesämmtlich seiend"
das ‚**Geseiende**' = „all Seiendes, sämmtliches Seiendes"
das ‚**Gesicht**' = „gesammte Sicht"
der ‚**Gesichtskreis**' = „Horizont", zu hell. ‚horízon kýklos'
das ‚**Gewört**' = „gesammte Worte", so zu ‚Wort', wie ‚Gemüt' zu
    ‚Mut' und ‚Gedächt' zu ‚Dacht' und ‚Gesicht' zu ‚Sicht'.
‚**giebt**' = 3. Person Einzahl Gegenwart zu ‚geben'

der ‚**Hag**' = „umzäunter Garten". Der Name ist verwandt mit
    nhd. ‚hegen' und nhd. ‚Hexe'. Die Sammelbildung nhd. ‚Ge-
    hege' sollte ‚Gehäge' buchstabiert werden
der ‚**Hauptname**' = „Substantiv"
das ‚**Hauptwort**' = „eines Buchtextes Hauptteil nach dem Vor-
    worte und vor dem Nachworte"
‚**heißen**' = „mit Geheiße jemanden etwas zu tuen bewegen"
‚**hellenisch**' = „nach Art der Hellenen; hellenensprachlich"
‚**hell.**' = „hellenisch, griechisch", zu ‚Hellas', ‚Hellenen'
die ‚**Hexe**' (ahd. ‚hag[a]zus[sa]) = „Hag-zause, zauselige
    in einem Hag oder Gehäge (siehe dort!) Wohnende"
‚**hinum**' = „Gegenrichtung zu ‚her-um', um etwas hin-um"

‚**ie.**' = Kürzel für ‚indoeuropäisch'; siehe dort!
‚**-ig**' = „bestimmt durch das, was vor der Nachsilbe steht"
‚**indoeuropäisch**' = „nach Art der Sprachfamilie der Indo-
    europäer"

die ‚**Kunft**' = „die Komme, das Kommen"

die ‚**Leiche**' (mhd. ‚lich') = „(tote) Gestalt"; siehe ‚**geleich**'!

der ‚**Leichham**‘ (ahd. ‚lihhamo‘) = „Leichenhülle“
‚**leichtfährtig, leichtfertig**‘ (mhd. ‚lihtvertec‘) = „durch
   leichte Fahrt bestimmt“
‚**-lich**‘ = „dergestalt“; siehe ‚**geleich**‘, ‚**Leiche**‘!

‚**m.**‘ = „Masculinum“, zu lat. ‚masculinum‘, ‚masculus‘, ‚mas‘
das ‚**Maal**‘ = „Fleck, Gedenkpunct“
das ‚**Mal**‘ = „Zeitpunct“
‚**menschig**‘ = „durch Mensch bestimmt“
‚**mhd.**‘ = Kürzel für ‚mittelhochdeutsch‘; siehe dort!
‚**mitteldeutsch**‘ = „Sprechweise in Miteldeutschland“
‚**mittelhochdeutsch**‘ = „hochdeutsche Sprechweise“; angewandt etwa zwischen 1050 n.d.Jzw. – 1500 n.d.Jzw.
der ‚**Mitttag**‘ = „der Tag in dessen Mitte“
‚**mlat.**‘ = Kürzel für mittellateinisch
‚**mnd.** = Kürzel für mittelniederdeutsch
‚**mnld.**‘ = Kürzel für kittelniederländisch
‚**Mz.**‘ = Kürzel für ‚Mehrzahl‘ (alias ‚Plural‘)

‚**n.**‘ = „Ne-ut(e)rum“, zu lat. ‚neutrum‘, ‚ne ... uter‘
der ‚**Name**‘ = „Nennmittel“, zu nhd. ‚nennen‘ (ahd. ‚nemnen‘)
der ‚**Neger**‘ = „schwarz, dunkel“, aus lat. ‚niger‘, femininum
   ‚nigra’. Darzu die wertungslosen Namen ‚Negride (Typen)’,
   ‚Niger’, ‚Nigeria’, ‚Porta Nigra’, ‚Rio Negro’, et c. Was sei
   daran abwertend, ausgrenzend, böse?
die ‚**Nennleistung**‘ = „was im Namen genannt wird“
die ‚**Nennleistungssilbentrennung**‘ = Trennung nicht nach
   Lautsilbentrennung; ‚Erfahr-ung‘ statt ‚Erfah-rung‘
‚**neuhochdeutsch**‘ = „hochdeutsche Sprechweise“; angewandt seit etwa 1500 n.d.Jzw.
‚**neuniederdeutsch**‘ = „niederdeutsche Sprechweise“; angewandt seit etwa 1500 n.d.Jzw.
‚**nhd.**‘ = Kürzel für ‚neuhochdeutsch‘; siehe dort!

das/die ‚-niss‘ = „Seiensart“; beispellsweise *das* ‚Bekenntniss‘
und doch *die* ‚Kenntniss‘ und *die* ‚Erkenntniss‘
‚nnd.‘ = Kürzel für ‚neuniederdeutsch‘; siehe dort!
‚n.d.Jzw.‘ = „nach der Jahrezählwende“

‚oberd.‘ = Kürzel für „oberdeutsch“; siehe dort!
‚öffenen‘ (mhd. ‚offenen‘) = „offen zu werden bewegen“
der ‚Orden‘ = Fug, (Closter mit fester) Ordenung
‚ordenen‘ = fügen, Ordenung anlegen
die ‚Ordenung‘ = die Geschehung des Ordenens

das ‚Particip‘ = „Teilnahmename“; siehe dort!
das ‚Poëm‘ = „Gedicht des poëtischen Erdeutens“
die ‚Poësie‘ = „Deutkunst; das Seien erdeutende Dichtkunst“,
zu hell. ‚poiäsis‘ und ‚poieîn‘
der ‚Poët‘ = „das Seien erdeutender Dichter“, zu hell.
‚poiätikos‘, ‚poiäsis‘
‚poëtisch‘ = „erdeutend dichterisch“, zu hell. ‚poiätikos‘
das ‚PPA‘ = „Particip Praesens Activ“ (beispielsweise ‚videns‘ zu
‚videre‘)
das ‚PPP‘ = „Particip Perfect Passiv“ (beispiuelsweise ‚visum‘ zu
‚videre‘)

der ‚Raum‘ = „Denkfügweise der Auseinandergewordenheit
und des Seienden darinnen zueinander“. Nicht selbig mit
‚Abstand‘, ‚Auseinandergewordenheit‘, ‚Weite‘

‚-sal‘ = „Seiensart“
‚-sälig‘ = „durch –sal bestimmt“
‚-samm‘ = „gesammelt“, zu ‚sammeln‘, ‚bei-/mit-/zusammen‘,
nicht jedoch zu ‚Samen‘
‚sammt‘ = „gesammelt“; dem ‚(ge-)samt‘ raubte man ein ‚m‘
die ‚Schafft‘ = „das Schaffen“; siehe ‚Geschäfft‘!

‚-schafft' = „was etwas/jemand schafft"; siehe ‚Geschäfft'!

‚schaffteln' = „klein(geistig)es Schaffen"

der ‚Schaffteler' = „zu schaffen vorgebender Kleingeist"

‚sämmtlich' = „dem Gesammelten (ge-)leich"

‚schelten', ‚schilt', ‚schalt', ‚schälte', ‚(ge-)scholten' = „schallend tadeln"

‚schwedisch' = „nach Art der Schweden, schwedensprachlich"

‚schwed.' = Kürzel für ‚schwedisch'; siehe dort!

‚seien' = „sein", dem als Gefüg-Ebenung oder -ausgleich alias ‚System-Homalisierung' ein ‚e' eingefügt ward; siehe ‚tuen'!

das ‚Seien' = „substantivierter Infinitiv des Namens ‚seien'"

‚sein' = „zweiter Fall des Fürnamens ‚er'"

‚spellen', ‚spilt', ‚spoll', ‚spölle', ‚(ge-)spollen' = „bedeutvoll sprechen"

die ‚Sünde' = „Traum, der Liebe abgetrennt, einzeln und ein endlicher Cörper zu seien"

der ‚Teilnahmename' = Lehensübersetzung des Namen lat. ‚Particip' (lat. ‚participium', aus lat. ‚pars' und ‚capere'); der Teilnahmename ist in der Geschehensnamenbeugung beteiligt.

der ‚Tod' = „Irrtum, außerhalb der Liebe und außerhalb Christi zu seien"

‚tot' = „unauferstanden seien"; siehe ‚Auferstehung'!

‚tuen' = „ausüben, im Geschehen mitwirken", dem als ‚System-Ebenung' ein ‚e' eingefügt ward; siehe ‚seien'!

das ‚Tuen' = „substantivierter Infinitiv des Geschehensnamens nhd. ‚tuen' (ahd. ‚tuon')"

‚vahd.' = Kürzel für ‚voralthochdeutsch' (vor etwa 750 n.d.Jzw. gesprochene deutsche Sprechweise)

der ‚VDS' = Kürzel für den Verein Deutsche Sprache; siehe dort!

der ‚Verdacht' = „Vor-Dacht"; siehe ‚Dacht'!

‚**verdenken**' = „Verdacht hegen, vermutend denken"

der ‚**Verein Deutsche Sprache**' = Sitz in 59174 Kamen, Hohes Feld 6, Vorsitzender: Prof. Dr. Walter Krämer, Geschäfftsführer Dr. Holger Klatte (Stand anno 2023)

‚**vergeben**' = „(an den heiligen GEIST) fortgeben, nämlich die dem Welttraume und den Erdeutnissen erteilte Geltung"

die ‚**Vergebung**' = „Fortgebung des Welttraumes"

‚**vergenügen**' = „genug bekommen, genüglich erfreuen" (zu nhd. ‚genug')

‚**vernehmen**' = „für die Welterbildung fürnehmen, durch die Sinnesöffenungen empfangend nehmen"

‚**verleugenen**' = „fortleugenen, fortügen"

‚**verzeihen**' = „fortzeihen"; siehe ‚**zeihen**'!

der ‚**Verzicht**' = „Tat des Fortzeihens"; siehe ‚**verzeihen**'!

‚**vierter Fall**' = „Accusativ" (zu lat. ‚accusare' = „anklagen")

‚**vlat.**' = Kürzel für ‚vulgärlatein(isch)'

der ‚**Vocativ**' = 5. Fall Ez. in der lat. Namenfügungs- und Sprachgestaltungslehre (alias ‚Grammatik')

‚**voralthochdeutsch**' = „vor etwa 750. N.d.Jzw. gesprochen"

‚**waar**' = „ewig wandellos treu", verwandt mit lat. ‚verus'

die ‚**Waarheit**' = „ewige Treue", verwandt mit lat. ‚veritas'

die ‚**Wahr**' = „Acht, Beaufsicht, Gewahrsam"

‚**wahrnehmen**' = „in Wahr nehmen", verwandt mit lat. ‚vereri'

‚**ward**' = 1. und 3. Person Einzahl der Verginge (= „Praeteritum") zu ‚werden', ‚wird', ‚ward', ‚wärde', ‚(ge-)worden'

‚**warden**' = 1. und 3. Person Mehrzahl der Verginge zu ‚werden'

der ‚**Welchheitsname**' = „Adiectiv/Adverb"

die ‚**Welt**' (ahd. ‚weralt') = „Menschenalter außerhalb der Ewe"

‚**wesen**', ‚wiest', ‚war', ‚wäre', ‚gewesen' = „unvergänglich seien"

‚**willkommen**' = „wohlgekommen, mit Wohlwollen seitens der Begrüßenden ankommend"

‚**wirklich**' = „dem Wirken geleich"; siehe ‚**geleich**'!

die ‚**Wirklichheit**‘ = „dem Wirken geleiche Seiensart“

das ‚**Wirkverbundgedächt**‘ = „Gedächt miteinander verbundenen Wirkens“ (alias ‚Causalität‘); siehe ‚**Gedächt**‘!

der ‚**Wissenschaffter**‘ = „jemand, der Wissen schafft“

der ‚**Wissenschaffteler**‘ = „Scheinwissenschaffter, geringes Wissen schaffender Kleingeist“; siehe ‚**Schaffteler**‘!

‚**wunderbahr**‘ = „Wunder behrend“; siehe ‚**-bahr**‘!

‚**zeihen**‘, ‚zeiht‘, ‚zieh‘, ‚ziehe‘, (ge-)ziehen‘ = „mit Lautzeichen nennen“

die ‚**Zeit**‘ = „Denkfügweise des unewigen Werdens“; verwandt mit ‚Tide‘, ‚Gezeiten‘

der ‚**Zicht**‘ = „Tat des Zeihens“

der ‚**Zufall**‘ = „der Hinzufall, das, was zu einem Falle hinzufällt“

die ‚**Zukunft**‘ = „die zukommende Kunft“

der ‚**Zweifel**‘ = „die Zweifalt“

‚**zweiter Fall**‘ = „Genitiv“

‚**Zz.**‘ = Kürzel für ‚Zweizahl‘ (alias ‚Dual‘)

VI. Schrifttum

Abel, Karl: „Über den Gegensinn der Urworte", Leipzig 1884
„Über die Unterscheidung sinnverwandter Wörter", Breslau/Berlin 1883

Adelung, Johann Christoph: „Grammatisch-kritisches Wörterbuch der Hochdeutschen Mundart", Leipzig 1793-1801

Adorno, Theodor W.: „Jargon der Eigentlichkeit", Frankfurt am Main 1964

Aurelius Augustinus: „Confessiones", Kempten 1914

Bally, Charles: „Linguistique générale et linguistique française", Bern 1965

Benn, Gottfried: „Gedichte", Frankfurt am Main 1982

Biemel, Walter: „Heidegger", Reinbek bei Hamburg 1973

Boerner, Peter: „Goethe", Reinbek bei Hamburg 1964

Bühler, Karl: „Sprachtheorie. Die Darstellungsfunktion der Sprache", Stuttgart 1999

Burschell, Friedrich: „Schiller", Hamburg 1958

Canetti, Elias: „Masse und Macht", Frankfurt am Main 1980
„Die Fackel im Ohr (Lebensgeschichte 1921-1931)", Frankfurt am Main 1982
„Die Provinz des Menschen (Aufzeichnungen 1942-1972)", München 1973
„Aufzeichnungen 1973-1984", Frankfurt am Main 2002
„Der Ohrenzeuge", Frankfurt am Main 1983
„Das Gewissen der Worte", Frankfurt am Main 1981
„Die Blendung", Frankfurt am Main 1965

Cassirer, Ernst: „Philosophie der symbolischen Formen", drei Bände, Darmstadt 1973
„Schriften zur Philosophie der symbolischen Formen", Hamburg 2009

Chenu, M.-D.: „Thomas von Aquin", Reinbek bei Hamburg 1960

Chomsky, Noam: „Aspekte der Syntaxtheorie", Frankfurt am Main 1970
„Reflexionen über die Sprache", Frankfurt am Main 1977
„Regeln und Repräsentationen", Frankfurt am Main 1987
„Sprache und Geist", Frankfurt am Main 1968
Dauzat, Albert; Dubois, Jean; Mitterand, Henri: „nouveau dictionnaire étymologique et historique", Paris 1971
Derrida, Jacques: „Grammatologie", Frankfurt am Main 1974
„Die Schrift und die Differenz", Frankfurt am Main 1972
Descartes, René: „Méditations métaphysiques", Paris 2009
„Meditationen", Hamburg 2009
„Meditationes de prima philosophia", Hamburg 2008
„Discours de la méthode", Hamburg 1997
Deutscher, Guy: „Through the Language Glass", London 2010
Ditfurth, Hoimar von: „Kinder des Weltalls", München 1970
„Am Anfang war der Wasserstoff", München 1972
„Der Geist fiel nicht vom Himmel", München 1976
„Wir sind nicht nur von dieser Welt", München 1981
„So lasst uns denn ein Apfelbäumchen pflanzen – Es ist soweit", Hamburg/Zürich 1985
„Innenansichten eines Artgenossen", München 1989
Diwald, Hellmut: „Luther", Bergisch Gladbach 1982
Duden, Konrad: „Die Rechtschreibung", Berlin 2020
„Die Grammatik", Berlin 2022
„Das Fremdwörterbuch", Berlin 2020
„Das Herkunftswörterbuch", Berlin 2020
Eisenberg, Peter: „Das Fremdwort im Deutschen", Berlin 2011
Ernst, Peter; Fischer, Gottfried: „Die germanischen Sprachen im Kreis des Indogermanischen", Wien 2001
Finster, Reinhard; van den Heuvel, Gerd: „Gottfried Wilhelm Leibniz", Reinbek bei Hamburg 1990
Frege, Gottlob: „Funktion, Begriff, Bedeutung", Göttingen 1962
Geier, Manfred: „Die Brüder Humboldt", Reinbek bei Hamburg 2010

Gerr, Elke: „Das große Vornamenbuch", Hannover 2011

Gipper, Helmut: „Das Sprachapriori", Stuttgart-Bad Cannstadt 1987

Hawley, Jack: „Bhagavadgita", München 2002

Heidegger, Martin: „Sein und Zeit", 16. Aufl., Tübingen 1986
„Holzwege", Frankfurt am Main 1950
„Kant und das Problem der Metaphysik", Frankfurt am Main 1951
„Wegmarken", Frankfurt am Main 1976
„Erläuterungen zu Hölderlins Dichtung", Frankfurt am Main 1944
„Was ist Metaphysik?", Frankfurt am Main 1943
„Der Feldweg", Frankfurt am Main 1989

Henscheid, Eckhard: „Dummdeutsch", Stuttgart 1995

Herder, Johann Gottfried: „Abhandlung über den Ursprung der Sprache", München 1978

Hoad, T.F.: „The Concise Oxford Dictionary of English Etymology", Oxford 1986

Holmsten, Georg: „Jean-Jacques Rousseau", Reinbek bei Hamburg 1972

Humboldt, Wilhelm von: „Über die Verschiedenheit des menschlichen Sprachbaus", Wiesbaden 2003
„Schriften zur Sprache", Stuttgart 1973
„Über die Sprache", München 1985

Jacobs, Wilhelm G.: „Fichte", Reinbek bei Hamburg 1984

Kant, Immanuel: „Kritik der reinen Vernunft", Hamburg 1998
„Prolegomena zu einer jeden künftigen Metaphysik, die als Wissenschaft wird auftreten können", Hamburg 2001
„Kritik der praktischen Vernunft", Hamburg 2003
„Kritik der Urteilskraft", Hamburg 2006

Kantzenbach, Friedrich Wilhelm: „Herder", Reinbek bei Hamburg 1970

Kern, Stefanie: „Leo Weisgerbers inhaltsbezogene Grammatik", Norderstedt 2011

Kluge, Friedrich: „Etymologisches Wörterbuch der deutschen Sprache", 26. Auflage (von Elmar Seebold), Berlin, 2023

Langenscheidts Kurzgrammatik: „Altgriechisch", Berlin/ München 1981

Langenscheidts Taschenwörterbuch: „Altgriechisch", Berlin/München 1986

Langenscheidt Taschenwörterbuch: „Englisch", Stuttgart 2016

Langenscheidt Taschenwörterbuch: „Französisch", Berlin/München 2003

Langenscheidts Taschenwörterbuch: „Lateinisch", Berlin/ München 1963

Langenscheidt Wörterbuch: „Italienisch", Berlin/München 2006

Lapide, Pinchas: „Ist die Bibel richtig übersetzt?", Gütersloh 2004
„Auferstehung: ein jüd. Glaubenserlebnis", Stuttgart 1977
„Wer war schuld an Jesu Tod?", Gütersloh 1987

Lexer, Matthias: „Mittelhochdeutsches Taschenwörterbuch", Stuttgart 1992

Lichtenberg, Georg Christoph: „Aphorismen", Köln 2005

Lilje, Hans: „Luther", Reinbek bei Hamburg 1965

Lindenberg, Christoph: „Rudolf Steiner", Reinbek bei Hamburg 1992

Locke, John: „An Essay Concerning Human Understanding", zwei Bände, London 1971-1974

Lorenz, Konrad: „Die Rückseite des Spiegels", München 1977
„Das sogenannte Böse", München 1974

Luh-Hardegg, Gudrun: „Von der Schönheit, Kraft und Fülle unserer Sprache", Paderborn 2003
„William James' Philosophie und Psychologie der Religion", Frankfurt am Main 2002

Luther, Martin: „Die Bibel", Stuttgart 1985

Marrou, Henri: „Augustinus", Reinbek bei Hamburg 1958

Martin, Gottfried: „Sokrates", Reinbek bei Hamburg 1967
Meister Eckard: „Mystische Schriften", Frankfurt am Main 1991
„Vom Wunder der Seele", Stuttgart 1951/1989
Metzinger, Thomas: „Der Ego-Tunnel", Berlin 2009
Nestle, Eberhard et Erwin; Aland, Barbara et Kurt: „Novum Testamentum Graece", Stuttgart 1898/1993
Neumann, Uwe: „Platon", Reinbek bei Hamburg 2001
Neusner, Jacob: „Ein Rabbi spricht mit Jesus", Freiburg im Breisgau 2007
Nigg, Walter: „Große Unheilige", Olten/Freiburg im Breisgau 1980
Orwell, George: „Politics and the English Language", London 1945
Osman, Nabil: „Kleines Lexikon untergeganener Wörter", München 1971
Pfeifer, **Wolfgang**: „Etymologisches Wörterbuch des Deutschen", Berlin, 2021
Piaget, Jean: „Das Weltbild des Kindes", München 1988
Platon: „Werke in acht Bänden", herausgegeben durch Günther Eigler, Darmstadt 1971-1983
Pörksen, Bernhard: Die große Gereiztheit, München 2018
„Die Gewissheit der Ungewissheit", Bonn 2001
„Wahrheit ist die Erfindung eines Lügners", Heidelbg. 2001
Rapp, Christof: „Vorsokratiker", München 1997
Röhrich, Lutz: „Lexikon der sprichwörtlichen Redensarten", Freiburg im Breisgau 1991
Rusconi Libri: „Dizionario etimologico", Santarcangelo 2004
Saussure, Ferdinand de: „Grundfragen der allgemeinen Sprachwissenschaft", Berlin 1967
Schaff, Adam: „Sprache und Erkenntnis", Reinbek bei Hamburg 1974
Schützeichel, Rudolf: „Althochdeutsches Wörterbuch", Tübingen 2006

Schweikle, Günther: „Germanisch-deutsche Sprachgeschichte im Überblick", Stuttgart 2002

Specht, Rainer: „René Descartes", Reinbek bei Hamburg 1966

Thomsen, Hans Markus: „Was sagt der Name?", Leipzig 2007

Trabant, Jürgen: „Die Sprache", München 2009
„Die Sprachdämmerung", München 2020
„Mithridates im Paradies. Kleine Geschichte des Sprachdenkens", München 2003
„Sprache denken", Frankfurt am Main 1995
„Was ist Sprache?", München 2008

Vanicek, Alois: Etymologisches Wörterbuch der lateinischen Sprache", Leipzig 1874

Wehr, Gerhard: „Meister Eckhart", Reinbek bei Hamburg 1989

Weisgerber, Leo: „Muttersprache und Geistesbild", Göttingen 1929
„Die vier Stufen der Erforschung der Sprachen", Düsseldorf 1963
„Grundzüge der inhaltbezogenen Grammatik", Düsseldorf 1962

Whorf, Benjamin Lee: „Sprache, Denken, Wirklichkeit", Reinbek bei Hamburg 1984

Wittgenstein, Ludwig: „Tractatus logico-philosophicus", Frankfurt am Main 1963/2003
„Philosophische Untersuchungen", Frankfurt am Main 1971

Wuchter, Karl; Hübner, Adolf: „Ludwig Wittgenstein", Reinbek bei Hamburg 1979

Zajonc, Arthur: „Die gemeinsame Geschichte von Licht und Bewusstsein", Reinbek bei Hamburg 1994

Zemb, J.-M.: „Aristoteles", Reinbek bei Hamburg 1961

Zimmer, Dieter E.: „So kommt der Mensch zur Sprache", München 2008

Verlag Ch. Möllmann

Achim Elfers: Kleines (ost)westfälisches Wörterbuch

Ein witziges Wörtabuch für (Ost-)Westfalen und solche, die es weaden wollen oder auch lieba nich. Sprachwissenschaftliche Valässlichkeit kann leida nich garantiat weaden, weil die meisten Wörter ga nich schriftsprachlich vorliegen und allso etymologisch nich rückverfolcht weaden können. Müsst ihr ma selba kucken, was stimmt und was nich. ISBN 978-3-89979-110-5

Achim Elfers: Lehr- und Wörterbuch der Umgangssprache

Jeder kennt die Umgangssprache. Wie wird mit ihr alltäglich umgegangen, dass sie so voller Feeler ist? Und wird mit ihr womöglich nicht nur umgegangen, sondern auch *etwas umgangen*, gerade weil sie so voller Auslassungen und Logiklöcher ist? Was denken die Umgangssprecher, die lieblos witzig oder gar in übeler Absicht abwertende Schmähnamen gegen andere Menschen aussprechen? Und was denken die Sprachsittenwächter, die neuerdings solche Namen durch absonderliche Ersatznamenfolgen wie etwa „mobile ethnische Minderheiten mit Migrationshintergrund" zu ersetzen suchen? Dies Buch enthält freche, nachdenkliche, witzige Antworten auf viele Fragen der Sprachbegabten und lädt ein, die Sprache für tieferes Denken zu öffnen. ISBN 978-3-89979- 228-7

Achim Elfers: Wie Worte werden

Eine Etymologie der deutschen Sprache für Lernende ab zehn Jahren

Von den Runen zu den Buchstaben, von den alten Römern zu den Germanen: Wieso nennen wir etwas ein ,Fenster'? Oder ein ,Buch'? Woher kommt der Name ,Abenteuer'? Was ist zu dem Namen ,Zeit' sinnvoll hinzuzudenken? Wie kommt es, dass wir heute zu manchen Namen etwas Anderes hinzudenken als frühere Sprecher?
Dies Buch gibt Antwort auf spannende Fragen für Lernende der deutschen Sprache ab etwa zehn Jahren und hilft, die eigene Sprache für das tiefere Denken zu eröffnen.   ISBN 978-3-89979-239-3

Verlag Ch. Möllmann

Achim Elfers: Die Phrasen-Fälscher

Ähnlich dem Buche namens ‚Der Ohrenzeuge' von Elias Canetti, in dem fünfzig Charaktere literarisch dargestellt warden, liegen in diesem Buche siebzig Sprechdenk-Typen vor. Etwa ‚Die Ahnungsentleerten' sind gemeine Sprecher, die nicht durch Ahnungen bestimmt sind, sondern zumeist durch deren Abwesen: „Keine Ahnung!". Oder ‚Die Gewohnheitsgrammatiker', die genau wissen, welche Sprache richtig sei, denn sie haben sich daran gewöhnt. ‚Die Pseudophen' sind Vielosophen, die kaum zu zählen Vieles „genau" wissen, weil sie es entweder ego-hörig auswendig lernten, egomanisch immer schon wussten oder ego-gläubig so erkannten, als sie die Welt-an-sich erfuhren. Ein hintersinniges, sprachwitziges, wortschöpferisches Buch! ISBN 978-3-89979-280-5

Achim Elfers: Der Fall des Deutschen

Ein Essay über die Heruntergekommenheit der Sprache der Deutschen. Das Volk der Dichter und Denker ist ausgestorben. Ihre Sprache wird mit Anglismus, Entgeistung, Genderunfug, Leichtsprech, prüfloser Nachlautung, epigonaler Schwundgrammatik und wirren Werbephrasen bedenkenund rücksichtslos zersprächelt. Dieser Essay mit tiefgründiger Analyse der Sprache und der Denkmodeströmungen für individuelle Mitströmlinge zeigt aufrüttelnd, dass stumpfsinnige Geistvermeidung und modehöriges Mitströmen weder Heil noch Segen bringen. ISBN 978-3-89979-263-8

Achim Elfers: Sprache und bewohnte Welt

In diesem Hauptwerk der Sprach- und Existenzphilosophie wird die den Menschen gemeine Sprache als Grundlage für ihre poëtisch erdeutete und namentlich gefügte Welt erörtert. Weil die Sprache auf Namen gründet, zu denen jeder Sprecher etwas Anderes hinzudenkt, -empfindet, -fügt, hinzuwertet, kommt jeder Sprecher zu anderen Worten und mit ihnen zu je seiner eigenen Welt, die als Erdeutungsgebilde der anders gedeuteten Welt seines Nächsten abweichend empfunden, gewertet und benannt ist. Die Reise geht von der Sprache über die musische Poësie zum Geiste... ISBN 978-3-89979-325-3 Band I) und 978-3-89979-326-0

Verlag Ch. Möllmann

Achim Elfers: Im Anfang war das Wort: die Sprache

(Denken, Glaube, Sprache I)

Im ersten Logion der Evangeliumsschrift nach Johannes („Im Anfang war das Wort, und das Wort war bei dem Gotte, und das Gott war das Wort") steht „das Wort" poëtisch für „die Sprache", die aus ungekannter Quelle dem Menschen gegeben ward und es ihm ermöglichte, Dinge, Empfundenes, Gedachtes und Seiendes zu unterschieden, sodass sie dardurch erst „die Dinge" warden, die sie dem Menschen sind. So war „das Wort" nicht „der materielle Schöpfer" der „Dinge", doch der logische Ermöglicher. Erst mit Namen und Worten sind Vernommenes, Gedachtes und Erdeutungsgefüge zu denken.

In diesem spannenden Buche werden Sprachdeutung, Sprachgewohnheit, die Zusammenhänge zwischen Denken und Zeichen erörtert und, wie der Mensch vom Darbeiseien zum Bewissen gelangte. Darzu werden neue Ansätze der Spracherdeutung geboten und deren Auswirkungen genannt. Zudem wird das gewohnheitliche auswendige Sprachbewissen des heutigen gemeinen Sprechers untersucht, der hohle Phrasen wie „Im wahrsten Sinne des Wortes" wiederholt, ohne sie zu prüfen.

Kurz: die Sprache wird hier in allerlei Richtung untersucht.
ISBN 978-3-89979-346-8

Achim Elfers: Denken, Sprache und die Übersetzungsfrage bei Descartes

(Denken, Glaube, Sprache II)

Die Übersetzungsfrage (nämlich: „Seien die Worte aus einer Sprachgestaltung in eine oder gar jede andere so hinüberzusetzen, dass das ursprünglich Gedachte darin das eine Selbe bleibe?") wurde von René Descartes (1596-1650) nicht als Frage besprochen, doch als „verité" (frç. ‚verité' wird als der nhd. ‚Wahrheit' gleich erachtet). Aber was dachte Descartes zu diesem Namen hinzu? Etwa das eine Selbe wie wir? Und zu all den anderen Namen?
ISBN 978-3-89979-351-2

Verlag Ch. Möllmann

Achim Elfers: Deutsch in der Prüfung

(Denken, Glaube, Sprache III)

Was soll zu dem Buchnamen ‚Deutsch in der Prüfung' hinzugedacht werden? Etwa, dass jemand im Fache „Deutsch" in einer Schulprüfung seine Kenntnisse beweisen solle? Oder dass Deutsch statt einer anderen Sprache in einer Prüfung angewendet werden müsse? In diesem Buche wird **unsere Sprachgestaltung namens ‚Deutsch'**, wie sie heuer zumeist – nicht nur in „Prüfungen" – verwendet wird, ihrerseits geprüft.

ISBN 978-3-89979--

Achim Elfers: Geheimnisse des Glaubens

(Denken, Glaube, Sprache IV)

In diesem vierten Buche der Reihe namens ‚Denken, Glaube, Sprache' werden folgende Aufsätze gesammelt dargereicht:

1. Einleitung: Dächte*, Gedanken, Namen, Worte
2. „Quid est veritas?"
3. Tí estin Christós? – der Christus
4. „ ... der verleugene** sich selbst!" – das Ego
5. „... denn sie wissen nicht, was sie tuen***." – das Ich
6. Diábolos, Dualismus, Sünde, Welttraum, Tod
7. Wirkverbund, Schuld und Vergebung
8. „Angst ist nicht in der Liebe"
9. Annäherungen an die Ewe****
10. „Tod", „Vergebung", „Auferstehung" – die Seele

Viele „Geheimnisse" liegen in unerschlossenen Wortinhalten verborgen, die hier tiefsinnig ergründet werden.

ISBN 978-3-89979--

Verlag Ch. Möllmann

Achim Elfers: Die Wunderschönheit des Lebens

Wohin führt eine enge Pforte des Domes, die Jahrzehnte lang durch einen Hochaltar verstellt war? Und warum lässt der Bischof sie dann schnellstens wieder verschließen? Wieso ist so erstaunlich viel Licht in der Etage oberhalb der Intensivstation des Krankenhauses? Und weswegen geleitet schier unstillbare Sehnsucht die Reise zur größten Schönheit der Welt? Wie und inwiefern ist die bodenlose Halle der Angst nur ein Durchgangsraum zur gelücklichen Geborgenheit?
In den zehn Erzählungen dieses ersten Erzählbuches wird ein Lied des wunderschönen, liebevollen Lebens jenseits der Fassaden und Kategorien gesungen. ISBN 978-3-89979-139-6

Achim Elfers: Glaube und Angst

„Was tut die Kirche gegen die Angst? Sie schiebt einen Altar davor und behauptet, der Grund der Angst sei deine Schuld. An dem Altar kannst du dann viele Jahre lang um Vergebung bitten und um Gnade flehen, aber so wird deine Angst nur mit dem Altar verdeckt. Hinter ihm und in dir aber bleibt sie immer anwesend."
Die zwölf Erzählungen dieses zweiten Erzählbuches führen hinter die Fassaden der verdeckten Angstverdeckung, der leblosen Buchstabenhörigheit und des unbemerkten Geistvermeidungsstrebens und mögen uns helfen, unsere innere Freiheit zu entdecken.
ISBN 978-3-89979-158-7

Achim Elfers: In heiliger Stille

Die empfindungsreiche Jana fährt am 24.12. allein mit der Bahn zu ihrer Schwester, die drei Tage zuvor sie derweil eines Streites am Telephon auslud. Aber die Weihnachtstage alleine zu verbringen? Versöhnung suchend reist Jana trotzdem an und erlebt ihr Weihnachtswunder...
In dieser und noch neun weiteren stimmungsvollen Weihnachtserzählungen dieses dritten Erzählbuches wird der großen Sehnsucht des Weihnachtsfestes nachgegangen, endlich Geborgenheit oder „nach Hause" zu finden. ISBN 978-3-89979-202-7

Verlag Ch. Möllmann

Achim Elfers: Das glaubst du ja nur!

In diesem vierten Buch mit zehn Erzählungen kommt immer wieder anders hervor, dass der Glaube mit Geist mehr denn ein auswendig gelerntes, formales Wissen ist. Dies unbegeistete Wissen bietet die Fassade einer von Gewohnheit gestützten Scheinwelt. Echtes Wissen aber ist etwas, das kaum so zu beweisen ist, dass es ein auf jenes auswendige Wissen ausgerichteter Mensch anerkennt. Und dennoch: „Wir *wissen*, dass wir lieben und dass ein liebender Mensch uns liebt. Wir können dies ebensowenig beweisen, wie er das kann. Aber wir wissen es, wenn und weil wir es im Innersten *gelauben*.“
ISBN 978-3-89979-248-5

Achim Elfers: Knecht Ruprechts Rebellion

Der alte Ruprecht hat keine Lust mehr, dem Nikolaus als Kutscher und Geschenkschlepper zu dienen. Besonders seinen harten, Herz zerreißenden Job mit der Rute für die „bösen" Kinder ist er leid. So brennt er mit Nikolaus' Zweitschlitten durch, lässt ihn heimlich schwarz-metallic umspritzen und fährt einen Tag eher als sonst die Tour, um seine eigenen Geschenke an die Bengel zu verteilen. Mit viel Humor und Herz geht er gemeinsamm mit den Knaben der Frage nach ‚gut und böse' auf den Grund. ISBN 978-3-89979-183-9

Achim Elfers: Der Fall der Religion

In diesem Essay untersucht der Autor die Religion auf ihren Ursprung, ihren Geistinhalt und den ursprünglichen, jedoch derzeit zunehmend schwindenden Sinn der Menschen für sie oder den GEIST in dieser Zeit im entgeistigten Deutschland. Die Religion fällt, seit das LICHT der Unschuld nicht geschaut wird. Die Religion ist auf den Glauben gestützt, der verlacht wird, seit an jeder Ecke jemand etwas Banales glaubt: dass es morgen regnen werde, oder im Café: „Ich glaube, ich nehme doch die Quarktasche". Dieser entgeistigte „Glaube" lässt den Glauben an Gott zur Idiotie werden. Tiefgründig blickt Achim Elfers in die Bewusstseinsgeschichte des Menschen und verfolgt den Fall der Religion bis zu ihren Anfängen zurück. ISBN 978-3-89979-289-8

Verlag Ch. Möllmann

Achim Elfers: Das Evangelium der Unschuld

Das Evangelium Christi, nun ohne Schuldgedanken erstaunlich neu erzählt. Nun sind alle Menschen unschuldig geworden, auch gar der arme Judas, die angeblich heuchelnden Pharisäer und die heidnischen Römer! Das kann von vielen Alltagschristen heutiger Zeit nicht behauptet werden, wie sie in größter Normalität Schuld immer wieder neu entwerfen und ihrem Nächsten zuweisen und denken, sie hätten ein Recht darauf, weil er ja gegen die zehn Gebote verstoßen habe. Auch denken sie, jemanden zu verurteilen sei nicht unchristlich, weil ja schon Jesus die Pharisäer und Schriftgelehrte verurteilte. Diese Darstellungen sind jedoch höchst zweifelhaft, denn ohne ganze, umfassende, vollkommene Unschuld ist keine Liebe. Jesus alias Jeschua Ben Joseph wäre nicht in der Liebe geblieben, hätte er so verurteilt, wie es die vier kanonischen Evangeliumsschriften der Bibel enthalten.
In schöner, großer und tiefer Sprache aber atmet dies Buch den Geist der liebenden Vergebung des Neuen Testamentes und löst alle überkommenen Logik- und Übersetzungsfeeler der geläufigen Evangeliumsschriften auf. ISBN 978-3-89979-130-3

Achim Elfers: Schuld der Exekutive?

Der Welttraum des Menschen wird als Grundlage der Schuld als das, „was die Welt im Innersten zusammenhält" (J. W. v. Goethe) herausgestellt. Gesetze und Staat werden über den Menschen gesetzt und gestellt, um das Recht und den Geist zu ersetzen. Statt darfür die Exekutive als „schuldig" zu sprechen, kann der Mensch dem an sich toten Staate Leben mit Geist verleihen. – Ein aufrüttelnder Essay! ISBN 978-3-89979-251-5

Achim Elfers: Das Evangelium nach Bar Kochba

Diese Evangeliumsschrift nach Bar Kochba ist an die apokryphe Logion-Sammelung des Thomas (alias „Thomas-Evangelium") angelehnt und enthält wie jene 114 Logien. Hinzugefügt werden Frage-Logien der Jünger, in denen übliche nonspirituelle Gemeinplätze als vermeintliche Gegenargumente eingebracht werden, die widerlegt werden. ISBN 978-3-89979-

188

Verlag Ch. Möllmann

Achim Elfers: Andacht an das Wunderbare

Die in diesem ersten Gedichtbande enthaltenen Poëme künden innig und mit erstaunlicher Sprache des langen, durch die Finsternisse verworrenen Weges der zum Lichte Heimkehrenden. Der Denker und der Dichter sind zwei Geschwister, die als verlorene Söhne gemeinsamm den Vater und mit ihm die Heimat des Geistes suchen. Doch ohne die LIEBE finden sie den Weg zurück nicht.
ISBN 978-3-89979-145-7

Achim Elfers: Der gefangene Sternensohn

Jeder ist der Poët seiner Welt, auch wenn diese nicht als schöngeistig erscheinen mag. Aber sind Seele, Angst, Glück und Liebe in der stofflichen Realität nachzuweisen? Wir Kinder des Weltalls wohnen in unserer Träume und Blindheit Gefängnis. Den Schlüssel tragen wir in uns, doch wir suchen ihn außen. Die schönen, kunstsprachlichen Gedichte dieses zweiten Gedichtbandes des Autoren sind Sänge des Weges zu 'm Gelücke, voller Zweifel, Freude, und Geisterfahrung. ISBN 978-3-89979-173-0

Achim Elfers: Die Pforte der Erlösung

Das Unerlöste sehnt sich zur Erlösung. Das Unerlöste ist die Seele, deren ihr übergestülptes Ich noch nicht vergeben oder fortgeleuchtet worden ist. Wie aber Vergebung finden, wenn ihr Ziel nicht gefunden?

„Was ich meinem Bruder sage,
Geistlos oder liebentlich,
Antwort ist auf meine Frage,
Was des Lebens Sinn für mich."

In den Gedichten dieses dritten Gedichtbandes wird der steile Weg der Vergebung von dem Bemerken der Gelücklosigkeit der Welt an bis zu dem Erschließen des höheren Zieles des liebenden Geistes meditativ beschritten.
ISBN 978-3-89979-196-9

Verlag Ch. Möllmann

Achim Elfers: Jedes Wort sei ein Gebet

Die Sprache erdeutet als „Quellwasserbecken" versammelt den GEIST der seligen EINSHEIT, bevor ER in Unendliches fließt. Der sich versenkend Lesende wird in diesen letzten der tausendundein Gedichte dieses Poëten seine Freude finden, die den Weg des Menschen durch die Sprache hindurch in die Tiefe des Geistes geleiten. Meditativ geschieht das Erhören des stillen Wortes.

„Als Ich zu Namen wir hinzu viel fügen:
Angst, Bild, Begehr, Schmerz, Schuld, den Tod, die Nacht,
Sodass dardurch erst Worte sind gemacht,
Die ohn' der LIEBE LICHT uns Alle trügen.

Der ‚Strom' ein Name ist für 's große Werden,
Darin all Jenes strömt, daraus er ist;
Die Kraft der Einzelnen in kurzer Frist
Ihm sämmtlich ist sein Eilen hin auf Erden.

Wie Cörper-Iche all' den Strom ergeben,
So alle Laute, Worte sind die Sprach';
Und auch auf höh'rer Eb'ne noch, darnach,
Sind WORT und SEEL' des Stromes LICHT und LEBEN."
ISBN 978-3-89979-317-8

Achim Elfers: Der Fluss über die Brücke

In dieser spannenden Novelle wird die abenteuerliche Geschichte zweier musisch begabter Kinder erzählt, die zunächst in einem Gehöfte in Ostpreußen behütet aufwachsen, dann jedoch in den Kriegswirren ohne ihre älteren Familienverwandten fliehen und auf der Reise mit einem Seelenverwandten zusammengeführt werden. Ein warmherziger Mensch nimmt sich der nunmehr jugendlichen Flüchtlinge an und geleitet sie mit einem geistlichen Obdach über ihrer deutend sinnenden Suche von der Natur zur SCHÖPFUNG hin. Diese Suche ist der Fluss über die Brücke über das Vergängliche hinüber. ISBN 978-3-89979-302-4

Verlag Ch. Möllmann

Achim Elfers: Eines Tages in Marseille

In diesem spirituellen Roman wird der spannende Weg des suchenden Aurelius aus der Hölle bis zu seiner Erlösung erzählt. Lang und aufreibend ist das Leid unter der Angst, dem Mangel und der Schuld! Doch, nach tiefen Erlebnissen in Hamburg und Berlin, zerfließt in Marseille endlich der trügerische Traum einer sinnlichen Erfüllung,. Und in erkannter ganzer Unschuld eines mörderischen Nächsten findet Aurelius sich als von der ewigen Liebe getragene Seele heil und in der unzertrennten Schöpfung wieder.
ISBN 978-3-89979-218-8

Achim Elfers: Die Weltenhavener Runde

Weltenhaven – der Name ist ein Pseudonym für die ‚Freie und Hansestadt Hamburg', die gern als „Tor zur Welt" gesehen wird. Vier alte, vertraute Studienfreunde kommen regelmäßig zusammen, um über ‚Gott und die Welt' zu befinden. Sie bilden eine Stammtischrunde für tiefsinnige Wortstamm-Tischler. Mit Witz wird nämlich in jedes wichtige Wort hineingedacht und so nach und nach die Sprache als Medium für tiefenphilosophischen Zugang zu dem, das „die Welt im Innersten zusammenhält", erschlossen. Besinnlich, erbaulich, heiter, tiefgründig.
ISBN 978-3-89979-272-0

Achim Elfers: Delian

In diesem großen Roman der Sprach- und Sinngedeihung und der Menschwerdung wird die Geschichte des Delian erzählt, der vom LICHTE geführt auf dem Wege der Sprache als einer Brücke in das Reich des GEISTES und der Seelfindung wandelt. Wunderschön tiefsinnig!
ISBN 978-3-89979-309-3

Achim Elfers, Jahrgang 1965, studierte Philosophie, deutsche Sprache und Schrifttum, Musikwissenschafft in Paderborn, Münster, Hamburg.